HATEFLUENCE - DIE ANTI-INFLUENCER

Johannes Wegemann

VORWORT

Willkommen in der Welt der Influencer, einer Welt voller Spannung, Vielfalt und Einfluss. Influencer sind Menschen, die in den sozialen Medien eine große Fangemeinde haben und diese mit ihren Inhalten prägen können. Sie sind mehr als Prominente, sie sind Meinungsmacher, Entertainer, Experten oder Vorbilder. Durch die Erschließung neuer Möglichkeiten der Kommunikation, des Marketings und der Unterhaltung haben sie die sozialen Medien revolutioniert. Sie sind ein Phänomen unserer Zeit, das sich ständig weiterentwickelt und verändert. In unserer Gesellschaft ist es von großer Bedeutung, wie Menschen denken, fühlen und handeln.

Doch nicht alle Influencer nutzen ihre Macht zum Guten. Einige von ihnen verbreiten Hass und Diskriminierung im Internet, aus unterschiedlichen Gründen und mit unterschiedlichen Methoden. Manche greifen Menschen an, die nicht ihrer Meinung sind, die anders aussehen oder anders leben. Sie schüren Vorurteile, Ängste und Wut. Würde, Rechte und

Gefühle der Opfer werden verletzt. Der soziale Frieden und die Demokratie werden bedroht.

Wie können wir diesem Missbrauch entgegentreten? Wie die Schattenseiten der Influencer-Kultur aufdecken, verstehen und bekämpfen? Welche Möglichkeiten gibt es, die Opfer zu unterstützen und ihnen zu helfen? Wie können wir die positiven Aspekte der Influencer-Kultur stärken und die negativen eindämmen? Und wie können wir eine Gesellschaft schaffen, die von Respekt, Toleranz und Empathie geprägt ist?

Dieses Buch gibt Antworten auf diese Fragen. Es nimmt dich mit auf eine spannende Reise in die Welt der Influencer, die dich faszinieren und erschrecken wird. Das Buch zeigt dir die verschiedenen Facetten der Influencer-Kultur - sowohl die guten als auch die schlechten Seiten. Es erklärt dir die psychologischen, sozialen und politischen Hintergründe, die zu Hass und Diskriminierung im Internet führen, und stellt dir prominente Beispiele von Influencern vor, die für Hass und Diskriminierung stehen, darunter Rainer Winkler, auch bekannt als Drachenlord. Es zeigt dir, welche Folgen ihr Verhalten für ihre Opfer und für die Gesellschaft hat und gibt dir Tipps, wie du dich und andere vor Hass und Diskriminierung im Internet schützen kannst. Du wirst ermutigt, aktiv gegen Hass und Diskriminierung im Internet vorzugehen. Du wirst aufgefordert, deine Verantwortung als User, Follower, Influencer oder Plattformbetreiber wahrzunehmen. Du wirst ermutigt, Empathie zu fördern und Bildung zu nutzen, um die nächste Generation zu erziehen. Das Buch gibt dir einen Einblick in die Zukunft der Influencer-Kultur und die Rolle, die du dabei spielen kannst.

Ich wünsche dir viel Spaß beim Lesen!

1. EINLEITUNG

In der sich ständig verändernden digitalen Landschaft haben Influencer eine zentrale Rolle eingenommen. Sie sind nicht nur Persönlichkeiten, die durch ihre starke Online-Präsenz und ihr Engagement auf verschiedenen Social-Media-Plattformen einen großen Einfluss auf ihre Zielgruppe ausüben, sondern sie haben auch die Art und Weise, wie wir Social Media nutzen, maßgeblich beeinflusst.

In diesem Kapitel geben wir einen umfassenden Überblick über die Welt der Influencer. Wir beginnen mit einer Erklärung, was Influencer sind und wie sie die sozialen Medien verändert haben. Von der einfachen Nutzung sozialer Medien, um Gedanken und Erfahrungen mit Freunden und Familie zu teilen, haben sich diese Plattformen zu mächtigen Marketinginstrumenten entwickelt, die von Influencern genutzt werden, um Produkte und Dienstleistungen effektiv zu bewerben.

Darüber hinaus gehen wir auf das Phänomen der Hatefluences ein, ein relativ neuer Begriff, der das Verhalten von Influencern beschreibt, die ihre Plattformen nutzen, um negative Emotionen zu schüren, zu provozieren oder zu diskriminieren. Wir erklären, wie Hatefluence Menschen aller Altersgruppen beeinflussen kann, insbesondere Jugendliche und junge Erwachsene, die besonders anfällig für die Auswirkungen von Hatefluence sind.

Wir beleuchten auch, wie sich die Welt der Influencer in den letzten Jahren verändert hat. Wir zeigen, wie sich die Art und Weise, wie Influencer mit ihrem Publikum interagieren und wie sie ihre Inhalte erstellen und teilen, stark verändert hat, und gehen auf die zunehmende Professionalisierung der Influencer-Welt ein.
Schließlich untersuchen wir die Rolle von Influencern in der heutigen Gesellschaft. Wir zeigen, wie Influencer als Meinungsführer fungieren und das Verhalten und die Überzeugungen ihrer Anhänger maßgeblich beeinflussen können.

Insgesamt bietet dieses Kapitel eine umfassende und tiefgreifende Analyse des Influencer-Marketings und seiner Auswirkungen auf die Gesellschaft. Es bietet wertvolle Einblicke für alle, die sich für die Dynamik der sozialen

Medien und die Rolle der Influencer in der heutigen digitalen Welt interessieren. Es ist ein unverzichtbarer Leitfaden für alle, die die Welt der Influencer verstehen und navigieren wollen.

1.1 Was sind Influencer und wie haben sie die sozialen Medien verändert?

Influencer sind Persönlichkeiten, die aufgrund ihrer starken Online-Präsenz und ihres Engagements auf verschiedenen Social-Media-Plattformen einen großen Einfluss auf ihre Zielgruppe ausüben. Sie zeichnen sich häufig durch ihre Expertise in bestimmten Bereichen wie Mode, Fitness, Kochen oder Lifestyle aus und teilen ihre Erfahrungen und Meinungen mit ihren zahlreichen Followern.

Im Laufe der Jahre hat sich die Rolle der Influencer stark gewandelt und die Art und Weise, wie wir soziale Medien nutzen, maßgeblich beeinflusst. Früher waren soziale Medien lediglich Plattformen, auf denen Menschen ihre Gedanken und Erfahrungen mit Freunden und Familie teilten. Heute haben sie sich zu mächtigen Marketinginstrumenten entwickelt, die von Influencern genutzt werden, um Produkte und Dienstleistungen effektiv zu bewerben.

Der Einfluss von Influencern geht über die bloße Produktwerbung hinaus: Sie haben die Fähigkeit, Kaufentscheidungen zu beeinflussen und das Bewusstsein für Marken zu schärfen, indem sie authentische Inhalte erstellen, die mit ihrer Zielgruppe resonieren. Dies hat nicht nur traditionelle Werbepraktiken verändert, sondern auch ein neues Paradigma des Marketings geschaffen, das als Influencer Marketing bekannt ist.

Influencer-Marketing nutzt die Beziehung und das Vertrauen, das Influencer zu ihrem Publikum aufgebaut haben, um Produkte und Dienstleistungen zu bewerben. Diese Strategie hat sich als äußerst effektiv erwiesen, da Menschen eher bereit sind, einem Produkt oder einer Dienstleistung zu vertrauen, wenn diese von jemandem empfohlen wird, den sie bewundern und dem sie vertrauen. Darüber hinaus haben Influencer nicht nur die Art und Weise verändert, wie Inhalte in sozialen Medien produziert und konsumiert werden, sondern auch neue Trends gesetzt.

Durch innovative Interaktionsformen haben sie Wege gefunden, mit ihrem Publikum zu interagieren und es zu fesseln. Darüber hinaus haben sie einen wichtigen Beitrag zur Sensibilisierung für verschiedene soziale und politische Themen geleistet und eine Plattform für Diskussionen und Debatten geschaffen.

Ihr Einfluss beschränkt sich nicht nur darauf, wie Marken werben, sondern erstreckt sich auch auf die Art und Weise, wie wir Inhalte konsumieren und mit ihnen interagieren. Influencer sind zu einer treibenden Kraft in der digitalen Welt geworden und es ist klar, dass sie auch in Zukunft eine zentrale Rolle spielen werden.

1.2 Was ist Hatefluence und warum ist es ein Problem?

Hatefluence ist ein relativ neuer Begriff, der in der digitalen Welt zunehmend an Bedeutung gewinnt. Er bezeichnet das Phänomen, dass Influencer ihre Reichweite und ihren Einfluss nutzen, um Hass, Diskriminierung oder Provokation zu verbreiten. In diesem Buch geben wir einen vertieften Einblick in das Thema Hate Speech, erklären die Psychologie dahinter, untersuchen die Auswirkungen auf verschiedene Altersgruppen und zeigen Wege auf, wie Hate Speech in sozialen Medien erkannt und bekämpft werden kann. Darüber hinaus werden wir auch Beispiele von Hatefluencern aus Deutschland vorstellen.

Hatefluence ist eine Kombination der Wörter "Hass" und "Einfluss". Er bezieht sich auf das Verhalten von Influencern, die ihre Plattformen nutzen, um negative Emotionen zu schüren, zu provozieren oder zu diskriminieren. Dies kann durch das Teilen kontroverser Meinungen, das Schüren von Konflikten oder die Förderung von Vorurteilen und Stereotypen geschehen.

Die Psychologie hinter Hatefluence ist komplex und vielschichtig. Einige Influencer nutzen Hatefluence, um Aufmerksamkeit zu erregen und ihre Reichweite zu vergrößern. Andere nutzen Hatefluence als

Mittel zur Selbstdarstellung oder zur Förderung bestimmter Ideologien. In einigen Fällen kann Hatefluence auch ein Ausdruck von Unsicherheit, Wut oder Frustration sein.

Hatefluence kann Menschen aller Altersgruppen beeinflussen, aber Jugendliche und junge Erwachsene sind besonders gefährdet. Sie sind häufig aktiver in den sozialen Medien und lassen sich leichter von den Meinungen und Ansichten der Influencer beeinflussen. Hassreden können negative Auswirkungen auf das Selbstwertgefühl, die psychische Gesundheit und das Sozialverhalten haben. Sie kann auch zur Verstärkung von Vorurteilen und Diskriminierung beitragen.

Es gibt verschiedene Strategien, um Hatefluence in sozialen Medien zu erkennen und zu bekämpfen. Dazu gehören die Förderung der Medienkompetenz, das Melden und Blockieren von Hassinhalten und die Unterstützung positiver Influencer. Es ist auch wichtig, offene Diskussionen über Hatefluence zu führen und ein Bewusstsein für ihre Auswirkungen zu schaffen.

Hatefluence ist ein ernstes Problem in der digitalen Welt. Wir müssen uns seiner Auswirkungen bewusst sein und aktiv dagegen vorgehen. Durch die Förderung der Medienkompetenz, die Unterstützung positiver Influencer und das Melden und Blockieren von Hatefluence können wir dazu beitragen, ein sichereres und respektvolleres Online-Umfeld zu schaffen.

1.3 Wie hat sich die Welt der Influencer in den letzten Jahren entwickelt?

Die Dynamik im Bereich der Influencer hat sich in den letzten Jahren stark gewandelt und weiterentwickelt. Zu Beginn beschränkte sich die Influencer-Szene hauptsächlich auf Prominente, die ihre Bekanntheit nutzten, um Produkte oder Dienstleistungen zu bewerben. Diese ursprüngliche Konstellation änderte sich jedoch mit dem Aufkommen von Social-Media-Plattformen wie Instagram, YouTube und TikTok. Heute kann im Grunde jeder mit einem Internetanschluss und einer kreativen Idee zum Influencer werden.

Die Art und Weise, wie Influencer mit ihrem Publikum interagieren und wie sie ihre Inhalte erstellen und teilen, hat sich in den letzten Jahren stark verändert. Früher konzentrierten sich Influencer auf das Teilen von Fotos und kurzen Updates auf Plattformen wie Instagram. Heute nutzen sie eine Vielzahl von Medienformaten wie Videos, Podcasts und sogar Virtual Reality, um eine tiefere Verbindung zu ihrem Publikum aufzubauen.

Gleichzeitig hat sich auch die Art der Inhalte,

die Influencer mit ihrem Publikum teilen, stark verändert. Obwohl viele Influencer nach wie vor Produkte und Dienstleistungen bewerben, konzentrieren sich immer mehr von ihnen darauf, persönliche Geschichten und Erfahrungen zu teilen, um eine bedeutungsvollere Verbindung zu ihrem Publikum aufzubauen. Dadurch sind Influencer in vielen Fällen zu vertrauenswürdigen Beratern und Meinungsführern in ihren jeweiligen Nischen geworden.

Ein weiterer wichtiger Trend in der Welt der Influencer ist das Aufkommen von Mikro-Influencern. Diese Influencer haben vielleicht nicht die Millionen von Anhängern wie einige der Top-Influencer, aber sie haben oft eine engagierte und loyale Fangemeinde, die ihren Empfehlungen vertraut. Viele Marken haben erkannt, dass die Zusammenarbeit mit Micro-Influencern ein effektiver Weg sein kann, um bestimmte Zielgruppen zu erreichen.

Schließlich hat die zunehmende Professionalisierung der Influencer-Welt dazu geführt, dass viele Influencer heute mit Agenturen und Managern zusammenarbeiten, um ihre Karriere effektiv zu managen. Diese Entwicklung hat zweifellos die Glaubwürdigkeit und Legitimität der Influencer-Szene erhöht, gleichzeitig aber auch Fragen nach Transparenz und Authentizität aufgeworfen.

Alles in allem hat sich die Welt der Influencer in den letzten Jahren stark verändert und es steht außer Frage, dass sie auch weiterhin eine wichtige Rolle in der Medienlandschaft spielen wird. Wie genau diese Welt in Zukunft aussehen wird, bleibt abzuwarten, sicher ist jedoch, dass Influencer weiterhin eine wichtige Rolle bei der Gestaltung unserer Kultur und Gesellschaft spielen werden.

1.4 Welche Rolle spielen Influencer in der heutigen Gesellschaft?

Influencer gewinnen in der heutigen Gesellschaft zunehmend an Bedeutung. Ihre Rolle geht über die bloße Unterhaltung hinaus; sie fungieren vielmehr als Meinungsführer, die in der Lage sind, das Verhalten und die Überzeugungen ihrer Anhänger erheblich zu beeinflussen.

Influencer zeichnen sich durch eine starke Präsenz in den sozialen Medien aus, wo sie eine große Anhängerschaft aufgebaut haben. Sie nutzen ihren Einfluss geschickt, um die Meinungen und das Verhalten ihrer Anhänger zu formen. In der Regel handelt es sich um bekannte Persönlichkeiten, die auf verschiedenen Social-Media-Plattformen wie Instagram, YouTube, Twitter und TikTok eine große Anhängerschaft haben. Durch die Erstellung von Inhalten zu ihrem jeweiligen Fachgebiet gelingt es ihnen, eine treue Fangemeinde um sich zu scharen.

Das Spektrum der Influencer ist vielfältig und

umfasst verschiedene Kategorien: Micro Influencer (Personen mit 1.000 bis 10.000 Followern), Macro Influencer (Personen mit 10.000 bis 100.000 Followern), Mega Influencer (Personen mit 100.000 bis 500.000 Followern) und Celebrity Influencer (Personen mit 500.000 und mehr Followern). Jede dieser Kategorien trägt auf ihre Weise dazu bei, die Gesellschaft in unterschiedlichen Dimensionen zu beeinflussen.

Der potenzielle Einfluss von Influencern auf die Gesellschaft ist immens. Sie können die öffentliche Meinung prägen, Trends setzen und sogar politische Entscheidungen beeinflussen. Mit ihren Inhalten können sie die Menschen aufklären, sie ermutigen, sich für bestimmte Anliegen einzusetzen, und sie dienen Unternehmen und Marken als Plattform, um ihre Produkte oder Dienstleistungen zu bewerben und die Interaktion und den Absatz zu steigern.

Ein positiver Aspekt des Einflusses von Influencern auf die Gesellschaft ist, dass sie das Bewusstsein für wichtige Themen wie Klimawandel oder psychische Gesundheitsprobleme schärfen können. Diese Themen könnten sonst aufgrund mangelnder Berichterstattung in den traditionellen Medien oder mangelnder Aufmerksamkeit seitens großer Unternehmen und Organisationen von der breiten Öffentlichkeit übersehen werden.

Die Statistik zeigt, dass Influencer ihren Einfluss auf ihre Zielgruppen im Vergleich zum Vorjahr weiter ausgebaut haben: Der Anteil ist von 19 Prozent

im Jahr 2019 auf 21 Prozent gestiegen. Mehr als jeder fünfte Deutsche hat schon einmal ein Produkt aufgrund einer Empfehlung eines YouTubers, Instagrammers oder Bloggers gekauft.
Influencer sind im Internet zu bestimmten Themen aktiv und verbreiten ihre Meinungen über verschiedene Social-Media-Kanäle. Personen, denen die Inhalte gefallen, werden zu Followern dieser Seiten.

Während ältere Menschen vielleicht noch nie etwas von Influencern gehört haben, sind sie für die jüngere Generation Stars und Vorbilder. Influencer geben Einblicke in ihr persönliches Leben, sammeln Follower und verdienen nicht selten beträchtliche Summen durch Produktempfehlungen.
Sie beeinflussen nicht nur das Kaufverhalten und die Meinungen ihrer Follower, sondern tragen auch maßgeblich dazu bei, das Bewusstsein für wichtige Themen zu schärfen und neue Trends zu setzen. Wie sich die Rolle der Influencer in Zukunft entwickeln wird, bleibt abzuwarten. Sicher ist jedoch, dass ihr Einfluss auf die Gesellschaft weiter zunehmen wird.

1.5 Die Mechanismen von Hatefluence

Hatefluence ist ein Phänomen, das sich auf die Verbreitung von Hass und negativen Inhalten durch Influencer in sozialen Medien bezieht. Es muss betont werden, dass glücklicherweise bei weitem nicht alle Influencer auch Hatefluencer sind. Hatefluencer sind bestimmte Akteure, die ihre Plattformen nutzen, um Hass, Vorurteile und Diskriminierung zu verbreiten. Sie nutzen verschiedene Mechanismen und Methoden, um ihre Ziele zu erreichen.

Einige dieser Mechanismen sind:

Wir/Die-Rhetorik: Hatefluencer schreiben bestimmten Gruppen häufig negative Eigenschaften zu. Sie verwenden eine "Wir gegen die"-Rhetorik, um Spaltungen zu erzeugen und ihre Anhänger gegen bestimmte Gruppen aufzubringen.

Wenn-Dann-Rhetorik: Sie konstruieren Handlungszusammenhänge und -zwänge, um ihre Botschaften zu verstärken. Beispiel: "Wenn ich Asylbewerber wäre, würde ich alles vom Staat bekommen".

Schweigen: Hassredner beschimpfen ihre Kritiker oft so lange, bis diese "verstummen". Dies ist eine Methode, um Opposition zu unterdrücken und die eigenen Botschaften in den Vordergrund zu stellen.

Themenhopping: Durch ständige Themenwechsel versuchen Hatefluencer, ihre Gesprächspartner zu verwirren und die Kontrolle über die Diskussion zu behalten.

Verbreitung von Fake News: Hatefluencer nutzen häufig Falschmeldungen, um ihre Ideologie zu verbreiten und zu festigen.

1.6 Die Auswirkungen von Hatefluence auf die Influencer selbst

Hatefluence hat sowohl kurz- als auch langfristige Auswirkungen auf die Influencer selbst.

Kurzfristige Folgen

Kurzfristig kann Hatefluence zu einem Anstieg der Followerzahlen und Interaktionen auf den Social Media Plattformen der Influencer führen. Kontroverse und polarisierende Inhalte erhalten durch die Algorithmen der Plattformen oft mehr Aufmerksamkeit und generieren dadurch mehr Engagement. Influencer können davon profitieren, da eine höhere Interaktionsrate oft mit höheren Werbe- und Sponsoringeinnahmen verbunden ist.

Langfristige Folgen

Auf lange Sicht kann Hatefluence jedoch negative Auswirkungen auf die psychische Gesundheit der Influencer haben. Die ständige Verbreitung von Hass und negativen Inhalten kann zu Stress, Angst und Depressionen führen. Darüber hinaus kann es das Selbstbild der Influencer negativ beeinflussen und zu einem Gefühl der Isolation führen.

Auch das öffentliche Ansehen der Influencer kann durch Hate Speech beschädigt werden und ihre Karrierechancen werden eingeschränkt. Unternehmen und Marken bevorzugen oft die Zusammenarbeit mit Influencern, die ein positives Image haben und Werte wie Respekt und Toleranz fördern. Influencer, die für die Verbreitung von Hass und negativen Inhalten bekannt sind, können daher Schwierigkeiten haben, Sponsoring- und Werbeverträge zu erhalten.

2. DIE DUNKLE SEITE DER INFLUENCER

In diesem Kapitel befassen wir uns mit einem ernsten und oft übersehenen Aspekt der digitalen Welt: der dunklen Seite der Influencer. Während Influencer in den sozialen Medien oft als Vorbilder und Inspirationsquellen angesehen werden, gibt es leider auch Fälle, in denen sie ihre Macht und ihren Einfluss missbrauchen, um Hass und Diskriminierung zu verbreiten.

Wir werden uns mit verschiedenen Formen dieses Missbrauchs befassen, darunter rassistische und homophobe Äußerungen, Body Shaming, die Verbreitung falscher Informationen und Cybermobbing. Jede dieser Handlungen hat schwerwiegende Folgen für die Opfer und die Gesellschaft als Ganzes.

Die Folgen reichen von psychischem Stress aufgrund des Missbrauchs, der zu Depressionen, Angstzuständen und einem geringen

Selbstwertgefühl führen kann, bis hin zu sozialer Isolation aufgrund feindseliger Behandlung in der digitalen Gemeinschaft. Darüber hinaus kann der Missbrauch durch Influencer das Selbstbild und das Selbstwertgefühl der Betroffenen stark beeinträchtigen, insbesondere bei jungen Menschen, die anfällig für Body Shaming und Diskriminierung aufgrund ihres Aussehens sind.

Die Verbreitung von Hass und Vorurteilen durch Influencer kann zu einer Zunahme negativer Einstellungen in der Gesellschaft führen, was das soziale Klima erheblich beeinträchtigen kann. Ein weiteres Problem, das durch den Machtmissbrauch von Influencern entstehen kann, ist die Verbreitung von Fehlinformationen. Menschen können ungesunde Entscheidungen in Bezug auf ihre Gesundheit treffen oder falsche politische Ansichten entwickeln.

Besonders besorgniserregend ist der Einfluss auf junge Menschen, die Influencer häufig als Vorbilder betrachten. Negative Botschaften über Körperbild, Rasse oder Sexualität können junge Menschen in ein falsches Licht rücken und langfristige Auswirkungen auf ihre Entwicklung haben.

Im letzten Teil dieses Kapitels werden Strategien und Maßnahmen diskutiert, die gegen Hass und Diskriminierung im Internet ergriffen werden können. Von der Meldung von Hassbotschaften und der Suche nach Hilfe bis hin zur Förderung offener Diskussionen und der Erziehung unserer Kinder zu Respekt und Verständnis gibt es viele Möglichkeiten, wie wir alle dazu beitragen können, einen sicheren und respektvollen digitalen Raum zu schaffen.

2.1 Wie haben einige Influencer ihre Macht missbraucht, um Hass und Diskriminierung zu verbreiten?

Leider gibt es Fälle, in denen Influencer ihre Macht missbraucht haben, um Hass und Diskriminierung zu verbreiten. Im Folgenden werden einige Beispiele näher erläutert.

<u>Rassistische Äußerungen und Diskriminierung</u>: Einige Influencer haben rassistische Kommentare oder Inhalte verbreitet, indem sie negative Stereotype verstärkten oder diskriminierende Bemerkungen über bestimmte ethnische Gruppen machten. Auf diese Weise können Vorurteile und Feindseligkeiten in der Online-Gemeinschaft verbreitet werden. Sie können nicht nur die Betroffenen verletzen, sondern auch dazu beitragen, dass rassistische Vorurteile und Stereotype in der Gesellschaft fortbestehen.

<u>Homophobe Äußerungen und Diskriminierung</u>: Es hat Fälle gegeben, in denen Influencer homophobe Äußerungen gemacht haben, die die LGBTQ ±-Gemeinschaft diskriminiert haben. Derartige Äußerungen können sich negativ auf die Akzeptanz und das Verständnis von LGBTQ±-Themen in der Gesellschaft auswirken. Außerdem können solche Äußerungen Fortschritte bei der Gleichstellung von LGBTQ± untergraben und dazu führen, dass sich Mitglieder der LGBTQ±-Gemeinschaft unsicher oder unwohl fühlen.

<u>Body Shaming und Körperdiskriminierung</u>: Einige Influencer haben ihre Plattform genutzt, um Body Shaming zu betreiben, indem sie sich negativ über das Gewicht, das Aussehen oder den Lebensstil anderer Menschen geäußert haben, was sich negativ auf das Selbstwertgefühl und das Körperbild ihrer Follower auswirkt. Solche Kommentare wirken sich negativ auf das Selbstwertgefühl und das Körperbild der Follower aus und können dazu führen, dass sich Menschen in ihrem eigenen Körper unwohl fühlen. Und es kann zu Problemen wie Essstörungen und Depressionen beitragen.

<u>Verbreitung falscher Informationen</u>: Einige Influencer verbreiten absichtlich falsche Informationen, sei es zu politischen, gesundheitlichen oder anderen relevanten Themen. Dadurch kann in der Gesellschaft Verwirrung entstehen und die öffentliche Meinung beeinflusst

werden. Solche Fehlinformationen können dazu führen, dass Menschen falsche Entscheidungen treffen, sei es in Bezug auf ihre Gesundheit, ihre politischen Ansichten oder andere wichtige Aspekte ihres Lebens.

<u>Cybermobbing und Belästigung</u>: Influencer können ihre Macht auch missbrauchen, um andere online zu belästigen oder zu schikanieren. Bei den Betroffenen kann dies zu schweren psychischen Belastungen führen und dass sich Menschen online unsicher fühlen und ernsthafte psychische Probleme wie Depressionen und Angstzustände entwickeln.

2.2 Welche Auswirkungen hat dies auf die Opfer und die Gesellschaft?

Der Missbrauch von Einfluss durch Personen in sozialen Medien kann schwerwiegende Folgen für die Betroffenen und die Gesellschaft als Ganzes haben. Die Auswirkungen auf die Betroffenen können vielfältig sein und reichen von erheblichem psychischem Stress bis hin zu Isolation und Beeinträchtigung des Selbstbildes und des Selbstwertgefühls.

Die psychische Belastung ist eine der dramatischsten Folgen, die Betroffene erleben können. Der Missbrauch durch Influencer kann zu Depressionen, Angstzuständen und einem niedrigen Selbstwertgefühl führen. Infolgedessen können die Betroffenen nicht mehr in der Lage sein, ein normales Leben zu führen. Aufgrund dieser psychischen Belastungen kann es zu langfristigen Auswirkungen auf die psychische Gesundheit der Opfer kommen, die über einen langen Zeitraum anhalten können.

Soziale Isolation ist eine weitere schwerwiegende Folge von Online-Missbrauch. Opfer von Online-Missbrauch können in der digitalen Gemeinschaft feindselig behandelt werden, was sie dazu veranlasst, sich zurückzuziehen und ihre sozialen Aktivitäten einzuschränken. Soziale Beziehungen werden erschwert und die soziale Isolation verstärkt, wodurch sich das Opfer zunehmend von der Gesellschaft distanziert.

Auch das Selbstbild und das Selbstwertgefühl der Betroffenen sind stark gefährdet. Insbesondere junge Menschen, die anfällig für Body Shaming und Diskriminierung aufgrund ihres Aussehens sind, können durch den Einfluss von Influencern ein verzerrtes Selbstbild entwickeln, das sich langfristig auf ihre Selbstwahrnehmung und ihr Selbstwertgefühl auswirkt und damit auch zu einer Belastung für die Gesellschaft beiträgt.

Die Verbreitung von Hass und Vorurteilen durch Influencer kann zu einer Zunahme negativer Einstellungen in der Gesellschaft führen. Infolgedessen nehmen Vorurteile und Diskriminierung zu, was das gesellschaftliche Klima erheblich beeinträchtigen kann.

Ein weiteres Problem, das durch den Machtmissbrauch von Influencern entstehen kann, ist die Verbreitung von Fehlinformationen. Menschen können ungesunde Entscheidungen in Bezug auf ihre Gesundheit treffen oder falsche politische Ansichten entwickeln. Wenn Influencer absichtlich Fake News verbreiten, kann dies schwerwiegende Folgen für die Gesellschaft haben.

Besonders besorgniserregend ist die Beeinflussung der Jugendlichen, die Influencer oft als Vorbilder betrachten. Negative Botschaften über Körperbild, Rasse oder Sexualität können bei jungen Menschen ein falsches Bild vermitteln und Langzeitfolgen auf ihre Entwicklung haben.
Diese Auswirkungen betonen den Missbrauch von Macht durch Influencer und machen Maßnahmen erforderlich, um solche negativen Einflüsse zu verringern und die Verantwortung der Influencer zu fördern.

2.3 Wie können wir uns gegen Hass und Diskriminierung im Internet wehren?

Der Kampf gegen Hass und Diskriminierung im Internet ist zweifellos schwierig, aber es gibt verschiedene Strategien, die helfen können, positive Veränderungen zu bewirken. Eine Möglichkeit besteht darin, die Betreiber von Webseiten oder Blogs zu benachrichtigen, wenn man auf online Hass stößt. Auf diese Weise können sie aufgefordert werden, die betreffenden Inhalte zu entfernen.

Es ist wichtig, Hilfe zu suchen, zum Beispiel bei der Internet Ombudsstelle. Es gibt viele

Ressourcen und Organisationen, die Hilfe anbieten und niemand muss alleine in solchen Situationen sein. Gemeinsam können wir eine sichere und respektvolle digitale Umgebung schaffen. Eine effektive Methode ist das Dokumentieren von Hassbotschaften durch Screenshots. Diese Informationen können verwendet werden, um die Täter zu melden oder sogar online die Polizei zu kontaktieren.

Eine wichtige Sache ist, dass wir mit unseren Familien und Freunden über diese Dinge sprechen, Blog-Beiträge schreiben und Online-Petitionen unterzeichnen. Dadurch machen wir auf Online-Hass aufmerksam und setzen uns aktiv dagegen ein. Eine offene Diskussion kann das Bewusstsein für dieses Problem stärken und helfen, eine Gemeinschaft zu bilden, die füreinander einsteht.
Eltern haben eine wichtige Rolle darin, ihre Kinder dabei zu unterstützen, eine klare Haltung gegen Diskriminierung zu entwickeln und aktiv dagegen vorzugehen. Dazu können sie Aufklärungsgespräche führen, Werte vermitteln und einen respektvollen Umgang im digitalen Raum fördern.

Darüber hinaus sollte betont werden, dass Hassrede und rassistische Kommentare im Netz strafbar sein können. Durch das Wissen über diese rechtlichen Vorschriften können Betroffene und Unterstützende angemessene Maßnahmen ergreifen, um gegen die Verbreitung von Hass im

Internet vorzugehen.

Zusammenfassend gibt es eine Vielzahl unterschiedlicher Methoden, um gegen Hass und Diskriminierung im Internet vorzugehen. Jeder kann dazu beitragen, einen sicheren und respektvollen digitalen Raum zu schaffen. Es ist von Bedeutung, dass wir gemeinsam unsere Anstrengungen erhöhen, um eine positive Veränderung herbeizuführen.

2.4 Fallbeispiele von Hatefluencern

Hatefluencer sind Personen, die ihre Online-Plattformen nutzen, um Hass, Diskriminierung oder andere negative Gefühle zu verbreiten. Sie nutzen ihre Reichweite, um kontroverse oder polarisierende Meinungen zu äußern, oft auf Kosten anderer. Hier einige Beispiele:

<u>Beispiel 1: Anonyme Hatefluencer in sozialen Medien</u>

Hassredner sind häufig anonyme Nutzer von Social-Media-Plattformen. Sie nutzen die Anonymität des Internets, um Hassreden zu verbreiten und andere zu belästigen. Ein solches Beispiel könnte ein Nutzer sein, der rassistische, sexistische oder homophobe Kommentare auf Plattformen wie Twitter, Facebook oder Instagram veröffentlicht. Anonyme Hassredner müssen keine große Reichweite haben. Häufig handelt es sich um kleine Accounts, die nach einer Sperrung der Plattformen neu erstellt werden.

Beispiel 2: Politische Hassredner

Einige Hatefluencer nutzen ihre Plattformen, um politische Botschaften zu verbreiten, die häufig auf Hass oder Diskriminierung basieren. Sie verbreiten ihre Botschaften über Blogs, YouTube-Videos oder Podcasts. Ein solches Beispiel könnte ein politischer Blogger sein, der fremdenfeindliche Ansichten verbreitet.

Beispiel 3: Prominente Hassredner

In einigen Fällen können auch Prominente zu Hatefluencern werden. Sie nutzen ihren Einfluss und ihre Reichweite, um negative Botschaften zu verbreiten. Ein solches Beispiel könnte ein Prominenter sein, der in Interviews oder auf seinen Social-Media-Plattformen kontroverse oder beleidigende Aussagen macht.

Michael Wendler

Michael Wendler ist ein deutscher Schlagersänger, der während der Corona-Krise mit kontroversen Aussagen für Aufsehen sorgte. In einem Live-Video behauptete er, dass ihn die Coronakrise finanziell hart getroffen habe und er von den Einkünften seiner Freundin Laura Müller leben müsse. Trotz seiner finanziellen Notlage äußerte er sich negativ über die Maßnahmen zur Eindämmung der Pandemie und verbreitete Verschwörungstheorien. Diese Äußerungen führten zu einem großen öffentlichen Aufschrei und Wendler wurde von vielen als Hate-Fluencer wahrgenommen.

<u>Xavier Naidoo</u>

Xavier Naidoo ist ein bekannter deutscher Sänger, der während der Corona-Krise ebenfalls polarisierte. Er zweifelte öffentlich die Existenz des Coronavirus an und verbreitete Verschwörungstheorien. Außerdem bezeichnete er die Coronavirus-Impfung als "Gift" und rief in Liedern dazu auf, sich zu bewaffnen. Während er diese kontroversen Ansichten verbreitete, erhielt er Corona-Zuschüsse in Höhe von rund 1,1 Millionen Euro. Diese Aktionen haben ihn in den Augen vieler zu einem Hassredner gemacht.

2.5 Die Rolle der Anonymität bei Hatefluence

Die Möglichkeit, im Internet anonym zu agieren, hat erhebliche Auswirkungen auf das Phänomen, das wir als "Hatefluence" bezeichnen. Das Verbergen der eigenen Identität hinter einem Pseudonym oder die völlige Anonymität können dazu führen, dass sich Menschen sicher fühlen, negative oder beleidigende Kommentare zu veröffentlichen, ohne persönliche Konsequenzen befürchten zu müssen.

<u>Psychologische Dimensionen von Anonymität</u>

Anonymität kann das menschliche Verhalten auf verschiedene Weise beeinflussen. Sie kann das Verantwortungsgefühl verringern und die Schwelle für aggressives oder hasserfülltes Verhalten senken.

Wenn Menschen anonym sind, haben sie weniger Angst vor negativen sozialen Konsequenzen wie Ablehnung oder Bestrafung.

Anonymität kann auch dazu führen, dass Menschen weniger Mitgefühl für die Adressaten ihrer Kommentare empfinden. Sie können vergessen, dass hinter den Online-Profilen echte Menschen mit Gefühlen und Emotionen stehen. So können negative oder verletzende Kommentare gepostet werden, ohne sich der emotionellen Auswirkungen bewusst zu werden.

Anonymität kann einen erheblichen Einfluss auf das Ausmaß und die Art von Hate Speech haben. Sie ermöglicht es Nutzern, negative oder beleidigende Kommentare zu veröffentlichen, ohne persönliche Konsequenzen befürchten zu müssen. Die Ermittlungsbehörden sind jedoch häufig in der Lage, auch anonym eingerichtete Nutzerkonten zu identifizieren und so die Täter dingfest zu machen.

Darüber hinaus kann die Anonymität dazu beitragen, dass sich Hassreden schneller und weiter verbreiten. Da die Nutzer ihre Identität verbergen können, können sie negative oder beleidigende Kommentare auf verschiedenen Plattformen und in verschiedenen Kontexten veröffentlichen.

Maßnahmen und Interventionen

Es gibt verschiedene Strategien, um die negativen Auswirkungen der Anonymität auf Hate Speech zu bekämpfen. Eine Möglichkeit besteht darin, die Nutzer zu ermutigen, ihre wahre Identität zu verwenden, wenn sie online interagieren. Dadurch könnten sie sich stärker für ihre Äußerungen verantwortlich fühlen und weniger geneigt sein, negative oder beleidigende Kommentare zu veröffentlichen.

Dennoch müssen solche Strategien sorgfältig abgewogen und umgesetzt werden, um die Meinungsfreiheit und das Recht auf Privatsphäre zu wahren.

3. RAINER WINKLER

Kapitel 3 dieses Buches beschäftigt sich mit der Internetfigur Rainer Winkler, besser bekannt als "Drachenlord". Winkler ist seit 2011 in den sozialen Medien aktiv und hat eine beachtliche Online-Präsenz aufgebaut, die jedoch von Kontroversen und Konflikten geprägt ist.

Den Namen "Drachenlord" hat sich Winkler möglicherweise aufgrund seiner Affinität zu Fantasy-Themen und Drachen gegeben. Seine Videos, in denen er seine Ansichten zu verschiedenen Themen wie Musik und Videospielen darlegt, haben oft heftige Reaktionen hervorgerufen. Trotz der negativen Aufmerksamkeit und der Angriffe blieb Winkler im Internet präsent und setzte seine Online-Aktivitäten fort.

Es gibt eine große Online-Community, die sich gegen ihn formiert hat und die er als "Hater" bezeichnet. Sein YouTube-Kanal hatte bis zu seiner Sperre im Jahr 2022 über 300.000 Follower, von denen die meisten keine Unterstützer waren. In seinen Videos sucht er gezielt die Provokation, was zu heftigen Gegenreaktionen führt.

Winkler hat sich auch mit anderen Online-Persönlichkeiten wie Exsl95, Gronkh und Tanzverbot auseinandergesetzt. Diese Interaktionen führten oft zu weiteren Kontroversen und Konflikten.

Die Abneigung gegen Drachenlord hat verschiedene Gründe, darunter rassistische, sexistische und beleidigende Äußerungen. Wiederholt hat er Kommentare abgegeben, die von vielen als inakzeptabel empfunden wurden und sogar rechtliche Konsequenzen nach sich zogen. Zudem verstrickt sich Winkler häufig in Widersprüche oder macht Ankündigungen, die nicht eingehalten werden.

Die Geschichte des Drachenlords wirft ethische Fragen auf, insbesondere in Bezug auf die Verantwortung der Medien, die Realität zu verzerren, um ein bestimmtes Narrativ zu schaffen. Sollen die Medien die Provokationen einer Person ignorieren, wenn dadurch die Authentizität der Opferrolle in Frage gestellt wird?

Die Auswirkungen des Online-Verhaltens von Drachenlords auf die Gesellschaft sind vielfältig. Es kann zu einer verzerrten Wahrnehmung der Realität führen und toxische Online-Kulturen fördern. Es wirft auch die Frage auf, inwieweit

Online-Persönlichkeiten für ihre Handlungen verantwortlich gemacht werden sollten und wie die Medien mit dieser Verantwortung umgehen.

Abschließend lässt sich sagen, dass die Geschichte des Drachenlords ein Beispiel für die Herausforderungen und Kontroversen ist, die in der Welt der sozialen Medien entstehen können. Sie zeigt die Notwendigkeit eines verantwortungsvollen und respektvollen Umgangs mit dieser Plattform. Es bleibt abzuwarten, wie sich die Geschichte des Drachenlords weiterentwickelt und welche Diskussionen sie in der Online-Community auslösen wird.

3.1 Hintergrund und Ursprung des Namens "Drachenlord"

Seit 2011 ist Rainer Winkler unter dem Pseudonym "Drachenlord" in den sozialen Medien aktiv. Obwohl die genaue Herkunft des Namens nicht dokumentiert ist, deutet vieles darauf hin, dass Winkler den Namen aufgrund seiner Affinität zu Fantasy-Themen und Drachen gewählt hat. Möglicherweise handelt es sich bei "Drachenlord" auch um eine Art Online-Persona, die Winkler zur Präsentation seiner Inhalte geschaffen hat.

3.2 Aufstieg der Online-Präsenz

Winklers Videos, in denen er seine Ansichten zu verschiedenen Themen wie Musik und Videospiele darlegt, stießen häufig auf geteilte Meinungen und lösten heftige Reaktionen bei den Zuschauern aus.

Im Jahr 2014 erreichte seine Online-Präsenz einen kritischen Punkt. Nach Berichten über einen angeblichen Drohanruf bei seiner Schwester veröffentlichte Winkler ein Video, in dem er die Online-Community dazu aufrief, ihn persönlich aufzusuchen und körperlich anzugreifen. Es gibt keine überprüfbaren Beweise dafür, dass ein solcher Anruf tatsächlich stattgefunden hat, und es ist möglich, dass Rainer Winkler diese Behauptung als Teil seiner öffentlichen Darstellung gemacht hat. In diesem Video veröffentlichte er sogar seine vollständige Adresse, was dazu führte, dass er vermehrt Ziel verbaler Belästigungen wurde.

Trotz der negativen Aufmerksamkeit und der Angriffe blieb Winkler im Internet präsent und setzte seine Online-Aktivitäten fort. Die Gegenmaßnahmen gegen ihn wurden als "Drachengame" bekannt, die Gegner als "Hater".

3.3 YouTube-Kanal und Videoinhalte

Winkler hat eine große Online-Community, die sich gegen ihn formiert hat und die er als "Hater" bezeichnet.

In seinen Videos und Livestreams sucht er gezielt die Provokation, was zu heftigen Gegenreaktionen führt. Seine Gegner schrecken nicht davor zurück, ihn online zu beleidigen oder sogar persönlich vor seinem Haus aufzutauchen.

Die Gründung seines YouTube-Kanals datiert vom

10. August 2011, sein erstes Video, in dem er die vor allem im Metal verbreitete Tanzform des Headbangings praktiziert, wurde am 11. August 2011 hochgeladen. Bis zu seiner Löschung erreichte sein Kanal mehr als 300 000 Abonnenten. Es wird vermutet, dass ein Großteil der Follower von seinen Kritikern gekauft wurde, um sein Bild in den Medien zu verzerren.

Ursprünglich spezialisierte sich Winkler auf Let's Plays und Inhalte zum Thema Metal-Musik. Durch beleidigende, sexistische und teilweise geschichtsrelativierende Äußerungen, die nach eigenen Angaben nicht ernst gemeint waren, zog er jedoch den Unmut vieler Zuschauer auf sich. Dennoch provoziert er bewusst, etwa durch die Verharmlosung des Holocaust.

Seine Inhalte sind oft sprunghaft, da Winkler gerne neue Formate ankündigt, die entweder nicht umgesetzt werden oder nach kurzer Zeit kommentarlos wieder verschwinden.

Es ist offensichtlich, dass Winkler durch seine provokanten Äußerungen und Aktionen auf YouTube eine beachtliche Reichweite erzielt hat. Allerdings hat er sich damit auch eine große Zahl von "Hatern" zugezogen, die ihn sowohl online als auch offline belästigen. Es scheint, als hätten Winklers Provokationen einen zweischneidigen Effekt gehabt: Einerseits haben sie ihm eine gewisse Reichweite beschert, andererseits muss gesehen werden, dass diese Aufmerksamkeit hauptsächlich aus Kritikern besteht.

3.4 Auseinandersetzungen mit anderen Online-Persönlichkeiten

Exsl95:

Winkler trat in einer "Actimel Challenge" gegen den YouTuber Exsl95 an. Ziel der Challenge war es, mehr Flaschen des Joghurtdrinks Actimel zu trinken als der andere. Winkler wollte mindestens 25 Flaschen trinken, um Exsl95 zu schlagen, der laut Winkler einen Rekord von 22 Flaschen aufgestellt hatte.

Winkler zeigte sich enttäuscht über sein Abschneiden und gab zu, dass er sich mehr erhofft hatte. Er fügte hinzu, dass Exsl95 "dicker als ich" sei. Winkler griff also zum Bodyshaming, um seine Niederlage in den Hintergrund zu rücken.

Am 09.01.2021 berichtet Exsl95 über seinen Umgang mit Alkohol und zeigt Einsicht, sein Leben zu verbessern und weniger Alkohol konsumieren zu wollen. Er berichtet, dass er erkannt habe, dass viele seiner Fans ihm nur folgen, um seine Streams zu sehen, in denen er viel Alkohol trinkt.

Rainer Winkler reagierte am 14.01.2021 in fragwürdiger Weise auf dieses Video. Besondere Aufmerksamkeit erregte Winklers Aussage: "Komm Junge Alter, wenn man dir ne Mon Cherie vor die Nase hält Alter, du wirst - ohne Scheiss, Junge, Exsl wenn man dir ne Mon Cherie vor die Nase haelt und man schmeisst die ins Gebuesch, du rennst der hinterher wie n hechelnder Hund, wedelst mit dem Schwanz, suchst die und frisst die noch im Gebuesch mit Dreck und Maden. Exsl sorry alter Mann, aber das kauf ich dir keine Sekunde ab".

Tanzverbot

Tanzverbot, mit bürgerlichem Namen Kilian Heinrich, ist ein deutscher YouTuber, der sich auf die Produktion von Videos in den Bereichen Vlogs, Musik und Lifestyle spezialisiert hat. Bereits Anfang 2016 kam es zu einer ersten Auseinandersetzung zwischen Tanzverbot und Drachenlord. Als Reaktion darauf lud Drachenlord Tanzverbot als Gast in seinen Stream ein, um die Differenzen beizulegen. Obwohl sich die beiden aussprachen, kam es immer wieder zu verbalen Auseinandersetzungen. Die Interaktionen zwischen Tanzverbot und Drachenlord erstreckten sich über verschiedene Formate und führten zu anhaltenden Spannungen.

3.5 Kontroversen um Äußerungen und Verhalten

Die Abneigung gegenüber Drachenlord ist auf verschiedene Gründe zurückzuführen, darunter rassistische, sexistische und beleidigende Äußerungen. Wiederholt hat er Kommentare abgegeben, die von vielen als inakzeptabel empfunden wurden und sogar zu rechtlichen Konsequenzen führten.

In seinen Inhalten provoziert Drachenlord regelmäßig mit Äußerungen, die als unangemessen oder beleidigend wahrgenommen werden können. Diese Provokationen haben ihn zu einer umstrittenen Internetfigur gemacht, die oft heftige Reaktionen hervorruft.

Die Justiz hat in der Vergangenheit mehrmals gegen Drachenlord wegen Gesetzesverstößen ermittelt. Diese Vorfälle wurden von verschiedenen Medien, einschließlich regionaler Portale und der Bild-Zeitung, aufgegriffen. Während seine Kritiker ihn oftmals als Täter sehen, der durch gezielte Provokation auf sich aufmerksam macht, wird in den Medien oftmals ein falsches Bild eines Mobbing-Opfers präsentiert.

Im Jahr 2014 veröffentlichte Drachenlord seine Adresse und lud seine Gegner ein, persönlich vorbeizukommen. Obwohl das Video später entfernt wurde, versammelten sich immer wieder Schaulustige vor seiner "Drachenschanze", was zu zunehmenden Konflikten und Polizeieinsätzen führte. Die Besuche begannen jedoch nicht wie oft behauptet nachdem der Drachenlord seine Adresse erstmals veröffentlichte, sondern im August 2016, als Winkler seine Community einlud, an seiner Anschrift Merchandise zu erwerben.

In einem seiner ersten YouNow-Streams am 19. Juni 2015 lud Drachenlord seine Zuschauer zu einer Fragerunde ein. Auf die Frage nach seiner Meinung zum Holocaust antwortete Drachenlord: "Ja, nen

Holocaust wäre natürlich ne richtig tolle Sache." Es herrscht Uneinigkeit darüber, ob er diese Aussage ernst gemeint hat oder ob er die Frage überhaupt verstanden hat. Die eigentliche Kontroverse dreht sich vielmehr darum, wie er anschließend mit der Situation umgegangen ist.

Zunächst behauptete Drachenlord, seine Antwort sei sarkastisch und ironisch gemeint gewesen. Später erklärte er, er habe den Holocaust mit dem Atombombenabwurf auf Hiroshima verwechselt.

Die Kontroversen um Drachenlord zeigen beispielhaft, wie das Internet sowohl positive als auch negative Auswirkungen haben kann. Während es Menschen ermöglicht, ihre Meinungen zu teilen, kann es auch zu Konflikten und Missverständnissen führen. Ein verantwortungsbewusster und respektvoller Umgang mit dieser Plattform ist daher von großer Bedeutung.

3.6 Zusammensetzung der Fangemeinde

Gegen Rainer Winkler, auch bekannt als Drachenlord, hat sich eine Online-Gruppierung gebildet, die sich selbst als "Hater" oder "Kritiker" bezeichnet.

Diese Gruppe nennt ihre Aktivitäten "Drachengame". Ihre Präsenz an Winklers Wohnort Altschauerberg in Mittelfranken führte zeitweise zu regelmäßigen Polizeieinsätzen, die durch teilweise rechtswidrige Handlungen beider Seiten ausgelöst wurden.

Die Kritiker von Dragonlord sind vor allem Internetnutzer, die sich in sozialen Netzwerken und auf Plattformen wie YouTube versammeln. Sie kritisieren Winklers Videos und seine Online-Präsenz.

Es ist wichtig zu betonen, dass nicht alle Kritiker Winklers an diesen negativen Aktionen beteiligt sind. Viele äußern lediglich ihre Meinung zu seinen Videos und seinem Auftreten. Es ist jedoch eine Minderheit, die sich an Mobbing und Belästigung beteiligt und die Aufmerksamkeit auf die gesamte Kritikergemeinde lenkt.

An seinem ehemaligen Wohnort hat sich die Situation inzwischen beruhigt, denn Winkler hat sein Haus an die Gemeinde verkauft, die es abreißen ließ. Im Ort wurde ein Dorffest gefeiert, denn die Bewohner waren froh, dass endlich Ruhe eingekehrt war. Zum Zeitpunkt, als das Buch entstand, war nicht bekannt, wo sich Herr Winkler aufhält - aber er sendet und provoziert nach wie vor über die Plattform TikTok. Seine Kritiker sammeln sich auf dem Messenger Telegram. Eine der größten Gruppen, der "Schanzenwatch Broadcast", hat aktuell 55.600 Mitglieder.

Im Zusammenhang mit Drachenlord gibt es auch eine Gruppe von Kanälen, die seine Livestreams analysieren und kommentierte Zusammenfassungen auf YouTube hochladen. Diese

Rezensionen bieten oft alternative Sichtweisen auf die Inhalte von Drachenlord und tragen so zur Diskussion und zum Verständnis seiner Online-Präsenz bei.

Ein Beispiel dafür ist der Kanal "Märkische Haide", der sich speziell auf die Analyse und Kommentierung der Livestreams von Drachenlord konzentriert. Mit mehr als 27.8K Abonnenten und 203 Videos hat sich "Märkische Haide" als wichtige Stimme in der Feedback- und Kritik-Community etabliert. Der Kanal ist vor allem für seine satirischen Elemente, Parodien und Zusammenfassungen der Streams bekannt.

Die Videos von "Märkische Haide" bieten den Zuschauern eine Plattform, um ihre Meinung zu den Inhalten von Drachenlord zu äußern. Das Spektrum reicht von humorvollen Zusammenfassungen bis hin zu ernsthaften Diskussionen über das Verhalten und die Aussagen von Drachenlord.

Kanäle wie "Märkische Haide" spielen eine wichtige Rolle in der Online-Community. Sie dienen nicht nur der Unterhaltung, sondern schaffen auch Raum für Diskussion und Kritik. Durch ihre Arbeit tragen sie zur Sensibilisierung für bestimmte Themen bei und fördern den Dialog zwischen den Zuschauern.

Die Existenz von Kritik- und Reaktionskanälen wie "Märkische Haide" verdeutlicht die Vielfalt und Komplexität der Online-Community. Sie zeigen, dass jeder die Möglichkeit hat, seine Meinung zu äußern, und dass unterschiedliche Perspektiven und Ansichten in der digitalen Welt gefördert und respektiert werden sollten. Diese Kanäle sind ein integraler Bestandteil der dynamischen und sich ständig weiterentwickelnden Landschaft der sozialen Medien.

3.7 Berichterstattung in den Medien

In Medienberichten wurde Drachenlord oft als Opfer von Mobbing dargestellt, da er eine beträchtliche Anzahl von Kritikern und Hatern hat. Diese Kritiker werfen ihm rassistische, sexistische und beleidigende Kommentare vor. Drachenlord hat jedoch in seinen Livestreams zugegeben, dass er diese Provokationen bewusst einsetzt, um Aufmerksamkeit und Reichweite zu generieren. In einem seiner frühen Videos äußerte sich Winkler wie folgt:

"Einfaches Marketing: Geh her und schür den Hass der Hater. Denn die Hater sorgen dafür, dass da mehr Leute auf deine Videos zugreifen"

Er räumt ein, dass diese Strategie nicht immer auf Gegenliebe stößt, insbesondere bei bestimmten Gruppen der Online-Community. Dennoch sieht er darin eine Möglichkeit, sich in der digitalen Welt zu behaupten und seine Reichweite zu maximieren.

Die Berichterstattung über Drachenlord zeichnet oft das Bild eines Opfers, das unter ständigem Mobbing und Hass leidet. Dies steht im Gegensatz zu seinen eigenen Aussagen, in denen er zugibt, Provokation als Mittel zur Selbstdarstellung zu nutzen. Es stellt sich die Frage, ob die Medien die Provokationen bewusst ausblenden, um Drachenlord als Opfer zu stilisieren.

Die Geschichte von Drachenlord wirft ethische Fragen auf, insbesondere in Bezug auf die Verantwortung der Medien, die Realität zu verzerren, um ein bestimmtes Narrativ zu schaffen. Sollen Medien die Provokationen einer Person ignorieren, wenn dadurch die Authentizität der Opferrolle in Frage gestellt wird?

Drachenlord ist ein Beispiel für die Herausforderungen und Kontroversen, die in der Welt der sozialen Medien entstehen. Seine Strategie, durch Provokation Aufmerksamkeit zu erregen, wirft die Frage auf, inwieweit Online-Persönlichkeiten für ihre Handlungen verantwortlich gemacht werden sollten und wie die Medien mit dieser Verantwortung umgehen. Es bleibt abzuwarten, wie sich die Geschichte des Dragonlords weiterentwickelt und welche Diskussionen sie in der Online-Community auslösen wird.

3.8 Auswirkungen auf die Online-Kultur

Eine Online-Persönlichkeit, die bewusst provoziert und eine Hass-Community gegen sich aufbaut, in den Medien als Mobbingopfer darzustellen, kann verschiedene Auswirkungen auf die Gesellschaft haben:

Verzerrung der Wahrnehmung: Die Medien spielen eine entscheidende Rolle bei der Bildung der öffentlichen Meinung. Wenn sie eine Person, die absichtlich provoziert und Hass schürt, als Opfer darstellen, kann dies zu einer verzerrten Wahrnehmung der Realität führen. Menschen könnten dazu verleitet werden, das Verhalten dieser Person zu entschuldigen oder zu ignorieren, weil sie als Opfer dargestellt wird.

Förderung toxischer Online-Kulturen: Wenn Provokateure als Opfer dargestellt werden, kann dies dazu führen, dass toxische Online-Kulturen normalisiert und sogar gefördert werden und könnte auch andere dazu ermutigen, ähnliche Taktiken anzuwenden, in der Hoffnung, Aufmerksamkeit oder Sympathie zu erlangen.

Untergrabung legitimer Opfer von Mobbing: Die Darstellung von Provokateuren als Mobbingopfer könnte die Erfahrungen legitimer Mobbingopfer untergraben. Es könnte der Eindruck entstehen, dass jeder, der behauptet, gemobbt zu werden, in Wirklichkeit der Täter ist, was dazu führen könnte, dass echte Opfer nicht ernst genommen werden.

Es ist wichtig, dass die Medien verantwortungsvoll berichten und sicherstellen, dass sie ein genaues Bild der Situation vermitteln. Es ist auch wichtig, dass die Gesellschaft die Informationen, die sie erhält, kritisch hinterfragt und sich bemüht, alle Seiten einer Geschichte zu verstehen, bevor sie ein

Urteil fällt.

3.9 Die Rolle der Community in der Hatefluence-Kultur

Die Beziehung zwischen Winkler und seiner Community ist durch einen sich selbst verstärkenden Kreislauf von Provokation und Reaktion gekennzeichnet. Winkler provoziert seine Kritiker durch kontroverse Äußerungen und Aktionen, was wiederum zu weiterer Kritik und Hass führt. Diese Dynamik hat eine Gemeinschaft von "Hatern" hervorgebracht, die sich gegen Winkler richten und ihre Aktivitäten als "Drachengame" bezeichnen.

Die Hater verfolgen Winkler aus unterschiedlichen Gründen und werden durch immer neue Provokationen motiviert, das Interesse an seiner Person aufrecht zu erhalten. Dies hat dazu geführt, dass Winkler immer wieder im Mittelpunkt von Kontroversen steht und seine Online-Präsenz zu einem Hotspot für Hatefluence geworden ist.

Auswirkungen auf Winkler und seine Community

Trotz dieser negativen Auswirkungen setzte Winkler seine Online-Aktivitäten fort und provozierte seine Hater weiter. Dies hat den Teufelskreis der Hatefluence weiter verstärkt und dazu geführt, dass Winkler und seine Community immer tiefer in diesen Strudel hineingezogen wurden.

Der Fall von Rainer Winkler zeigt deutlich, wie die Dynamik der Hatefluence-Kultur zu einem sich selbst verstärkenden Teufelskreis führen kann. Die fortwährende Interaktion zwischen Winkler und seiner Community hat eine Spirale aus Provokation und Reaktion in Gang gesetzt, die immer weiter eskalierte. Es unterstreicht die Notwendigkeit, wirksame Strategien zur Bekämpfung von Hatefluence zu entwickeln und umzusetzen. Es ist wichtig, sowohl die Täter als auch die Opfer von Hatefluence zu unterstützen und Wege zu finden, diesen destruktiven Kreislauf zu durchbrechen.

4. DIE PSYCHOLOGIE DES HASSES

Stell dir vor, du surfst im Internet, vielleicht teilst du ein paar Memes, kommentierst die neuesten Nachrichten oder diskutierst über deinen Lieblingsfilm. Aber dann stolperst du über etwas, das dich zum Innehalten bringt - Hass. Es ist wie ein dunkler Schatten, der sich über die hellen und bunten Seiten des Internets legt. In diesem Kapitel werden wir uns auf eine Reise begeben, um diesen Schatten zu erforschen. Wir werden uns fragen, was Menschen dazu bringt, Hass im Internet zu verbreiten. Ist es Frustration? Langeweile? Der Wunsch nach Aufmerksamkeit? Oder etwas viel Komplexeres? Und was können wir dagegen tun? Wie können wir das Internet zu einem Ort machen, an dem Respekt und Verständnis herrschen, anstatt Hass und Vorurteile? Dieses Kapitel ist wie eine Landkarte, die uns durch das Labyrinth des Online-Hasses führt. Es ist kein einfacher Weg, aber zusammen können wir es schaffen. Also schnall dich an, es wird eine spannende Reise!

4.1 Was treibt Menschen dazu, Hass im Internet zu verbreiten?

Die Kommunikationsrevolution durch das Internet hat uns die Möglichkeit gegeben, Informationen und Ideen in Echtzeit über große Entfernungen hinweg auszutauschen. Diese Freiheit hat jedoch auch eine dunkle Seite, die es Menschen ermöglicht, Hass und Vorurteile zu verbreiten, oft unter dem Deckmantel der Anonymität. Hass im Internet ist ein komplexes Phänomen, das von einer Vielzahl von Faktoren angetrieben wird, darunter psychologische, soziale und kulturelle Einflüsse.

Aus psychologischer Sicht kann die Verbreitung von Hass im Internet durch verschiedene Faktoren begünstigt werden. Manche Menschen fühlen sich in ihrem Alltag machtlos oder frustriert und nutzen das Internet als Plattform, um ihrem Ärger und ihrer Frustration Luft zu machen. Andere verbreiten Hass, um Aufmerksamkeit zu erregen oder sich mächtig und wichtig zu fühlen. In einigen Fällen kann das Verbreiten von Hass auch eine Form des Trollings sein, bei dem Einzelpersonen absichtlich provozieren und stören, um eine Reaktion hervorzurufen.

Aus sozialer Sicht kann die Verbreitung von Hass im Internet durch Gruppendynamik und sozialen Druck gefördert werden. Menschen neigen dazu, sich zu Gruppen zusammenzuschließen, die ihre Ansichten und Überzeugungen teilen, und das Internet erleichtert die Bildung solcher Gemeinschaften. Innerhalb dieser Gruppen kann der Druck, sich anzupassen und dazuzugehören, dazu führen, dass Einzelpersonen Hass verbreiten, auch wenn sie dies in anderen Zusammenhängen nicht tun würden. Darüber hinaus kann das Gefühl der Anonymität, das das Internet bietet, dazu führen, dass Menschen eher dazu neigen, Hass zu verbreiten, weil sie glauben, dass sie für ihre Handlungen nicht zur Rechenschaft gezogen werden können.

Aus kultureller Sicht kann die Verbreitung von Hass im Internet durch gesellschaftliche Normen und Werte beeinflusst werden. In Gesellschaften, in denen Vorurteile und Diskriminierung weit verbreitet sind, kann das Internet als Plattform für die Verbreitung dieser Ansichten dienen. Darüber hinaus kann das Internet auch von extremistischen Gruppen zur Verbreitung von Hassreden und Propaganda genutzt werden, um ihre Ideologien zu verbreiten und neue Anhänger zu rekrutieren.

Um dieses Problem wirksam anzugehen, ist ein umfassender Ansatz erforderlich, der psychologische, soziale und kulturelle Einflüsse berücksichtigt. Dies könnte die Förderung der Medienkompetenz, die Stärkung von Gemeinschaftsstandards und Verhaltenskodizes im Internet, die Durchführung von

Aufklärungskampagnen gegen Hass und Vorurteile und die Förderung positiver Online-Interaktionen und -Gemeinschaften umfassen. Wir alle sollten eine Rolle bei der Bekämpfung von Hass im Internet spielen, indem wir Hassreden melden, positive Online-Interaktionen fördern und uns für Toleranz und Respekt einsetzen. In einer Zeit, in der die virtuelle Welt so eng mit der realen Welt verbunden ist, müssen wir zusammenarbeiten, um einen gesunden und respektvollen digitalen Raum zu schaffen.

4.2 Wie können wir damit umgehen?

Die Herausforderung, Hass im Internet zu bekämpfen, erfordert einen ganzheitlichen und vielschichtigen Ansatz, der verschiedene Strategien und Taktiken umfasst. Im Folgenden werden einige detailliertere Überlegungen dazu angestellt, wie dieser Herausforderung begegnet werden kann:

Eine der wirksamsten Strategien zur Bekämpfung von Hass im Internet ist die Förderung von Medienkompetenz. Medienkompetenz bedeutet, dass Menschen die Fähigkeit erwerben müssen, Informationen kritisch zu bewerten, die Glaubwürdigkeit von Quellen zu überprüfen und Falschinformationen zu erkennen. Durch die Verbesserung der Medienkompetenz können Menschen Hassreden und Propaganda besser erkennen und sich dagegen wehren. Es geht darum, ein tieferes Verständnis dafür zu entwickeln, wie

Informationen im digitalen Zeitalter verbreitet werden, und die Fähigkeit zu entwickeln, zwischen wahren und falschen Informationen zu unterscheiden.

Eine weitere wichtige Strategie ist die Stärkung von Gemeinschaftsstandards und Verhaltenskodizes im Internet. Erreicht werden kann das durch die Einführung und Durchsetzung von Regeln und Richtlinien, die Hassreden und diskriminierendes Verhalten verbieten. Plattformen und Online-Gemeinschaften sollten klare Richtlinien haben, die Hassreden verbieten, und diese konsequent durchsetzen. Es ist wichtig, dass diese Standards und Kodizes nicht nur existieren, sondern auch aktiv durchgesetzt und von den Mitgliedern der Gemeinschaft respektiert werden.

Aufklärungskampagnen können ebenfalls eine wirksame Strategie zur Bekämpfung von Hass im Internet sein. Solche Kampagnen können darauf abzielen, das Bewusstsein für die Auswirkungen von Hassreden zu schärfen, Empathie und Verständnis zu fördern und Menschen zu ermutigen, Hassreden zu melden und dagegen vorzugehen. Sie können dazu beitragen, das Bewusstsein für die negativen Auswirkungen von Hassreden zu schärfen und Menschen zu ermutigen, aktiv dagegen vorzugehen.

Schließlich kann auch die Förderung positiver Online-Interaktionen und -Gemeinschaften zur

Bekämpfung von Hass im Internet beitragen. Dies kann durch die Schaffung von Online-Räumen erreicht werden, die auf Respekt und Verständnis basieren, und durch die Förderung von Interaktionen, die auf gegenseitigem Respekt und Verständnis basieren. Es geht darum, positive und respektvolle Online-Umgebungen zu schaffen, in denen sich die Menschen sicher fühlen und in denen Hass und Diskriminierung keinen Platz haben.

Durch die Kombination von Medienkompetenz, starken Gemeinschaftsstandards, Aufklärungskampagnen und der Förderung positiver Online-Interaktionen können wir alle dazu beitragen, das Internet zu einem respektvolleren und einladenderen Ort zu machen.

4.3 Welche Auswirkungen hat Hass auf die Opfer und die Gesellschaft?

Hass im Internet ist ein wachsendes Problem, das sowohl Einzelpersonen als auch die Gesellschaft als Ganzes betrifft. Die Folgen von Online-Hass können tiefgreifend und weitreichend sein und reichen von emotionalen und psychologischen Schäden für Einzelpersonen bis hin zur Beeinträchtigung des gesellschaftlichen Diskurses und demokratischer Prozesse. In diesem Artikel werden wir die Auswirkungen von Online-Hass auf die Opfer und die Gesellschaft im Detail untersuchen.

Beginnen wir mit den Auswirkungen auf die Opfer. Hass im Internet kann viele Formen annehmen, von beleidigenden Kommentaren und Mobbing bis hin zu expliziten Drohungen und Belästigungen. Die Opfer solcher Angriffe können eine Reihe negativer Auswirkungen erleben. Laut einer der bisher größten repräsentativen Studien in Deutschland gaben zwei Drittel der teilnehmenden Internetnutzer an, dass sich Hasskommentare negativ auf ihre Psyche auswirken. Sie nannten emotionalen Stress, Depressionen, Angst und Unruhe.

Die psychischen Auswirkungen von Online-Hass können erheblich sein. Da die Psyche nicht zwischen online und offline unterscheiden kann, sind digitale Angriffe psychisch genauso belastend wie analoge. Die Betroffenen erleben oft große Angst, verbunden mit körperlicher Alarmbereitschaft. Bei Angriffen im Netz kann sich die Angst auch zu Panikattacken steigern. Diese treten während der akuten Konfrontation mit den Hassinhalten auf, können aber auch weit darüber hinaus belastend sein, etwa wenn sie wiederholt auftreten.

Bei Menschen mit einer entsprechenden Disposition kann digitale Gewalt das psychische Leiden deutlich verstärken. Aber auch psychisch gesunde Menschen können durch digitale Gewalt krank werden. Wer von digitaler Gewalt betroffen ist, kann sich schlecht entspannen. Guter und gesunder Schlaf wird unmöglich - mit weitreichenden Folgen für die Gesundheit. Aus Angst vor weiteren Übergriffen ziehen sich die Betroffen oft zurück. Scham- und Schuldgefühle sind keine Seltenheit. Hilfe zu suchen und sich anderen anzuvertrauen, wird dadurch erschwert. Soziale Interaktionen sind von Angst und Unsicherheit geprägt.

Neben den psychischen Folgen kann Hass im Netz auch zu sozialer Isolation führen. Aus Angst vor weiteren Angriffen ziehen sich Betroffene oft zurück. Sie können sich schämen oder schuldig fühlen, was es ihnen erschwert, Hilfe zu suchen und sich anderen anzuvertrauen. Ihr Sozialleben kann stark leiden und ihre sozialenInteraktionen können von Angst und Unsicherheit geprägt sein.

Wenden wir uns nun den Auswirkungen von Hass im Internet auf die Gesellschaft zu. Online-Hass zielt immer darauf ab, Stimmen im digitalen Raum zu übertönen. Das schadet letztlich dem demokratischen Diskurs. Weil Hatefluence andere Meinungen und Perspektiven verdrängt, leidet die Vielfalt und auch die Wahrnehmung verschiebt sich. Hass im Netz wirkt sich auf unser analoges Privat- und Arbeitsleben ebenso aus wie auf die Politik.

Auch Hass im Netz kann die Meinungsfreiheit bedrohen. Hassreden und Drohungen im digitalen Raum stellen eine sehr reale Gefahr für die Meinungsfreiheit dar. Sie können dazu führen, dass Menschen Angst haben, ihre Meinung zu äußern, und den öffentlichen Diskurs verzerren.

Dadurch wird die Qualität demokratischer Prozesse beeinträchtigt und die Gesellschaft polarisiert.

Wir müssen uns der Auswirkungen bewusst sein und gegen Hass im Internet vorgehen. Hierzu gehören die Förderung der Medienkompetenz, die Stärkung gemeinschaftlicher Normen, Aufklärungskampagnen und die Förderung positiver Online-Interaktionen. Durch die Kombination dieser Strategien können wir alle dazu beitragen, das Internet zu einem respektvolleren und einladenderen Ort zu machen. Es ist eine gemeinsame Anstrengung, die wir alle unternehmen müssen, um sicherzustellen, dass das Internet ein Ort bleibt, an dem positive und respektvolle Interaktionen gefördert werden.

4.4 Psychologische Profile von Hatefluencern

In einer Studie wurde das psychologische Profil von Personen untersucht, die während der Olympischen Winterspiele 2018 Hasskommentare im Internet veröffentlicht hatten. Es zeigte sich, dass diese Personen hohe Werte auf der Psychopathie-Skala aufwiesen. Psychopathie äußert sich in fehlendem Mitgefühl, manipulativem Verhalten und hoher Impulsivität.

Überraschenderweise waren Narzissmus und Machiavellismus, die häufig mit störendem Verhalten in Verbindung gebracht werden, nicht mit Online-Hass in Verbindung zu bringen. Diese Ergebnisse deuten darauf hin, dass Hassredner ein spezifisches psychologisches Profil haben könnten, das sich von anderen Formen der Online-Störung wie Trolling oder Cyberbullying unterscheidet.

Neben Psychopathie wurde auch Neid als möglicher Auslöser von Hate Speech identifiziert. Neid kann dazu führen, dass Menschen negative Emotionen gegenüber anderen entwickeln und diese durch hasserfüllte Kommentare oder Handlungen zum Ausdruck bringen. Besonders in Online-Umgebungen, in denen Menschen oft nur die positiven Aspekte im Leben anderer sehen, kann es dazu kommen.

Die Folgen von Hassreden können beträchtlich sein. Sie können negative Emotionen auslösen, zu Selbstmorden führen und sogar die Ermordung von Persönlichkeiten des öffentlichen Lebens zur Folge haben. Darüber hinaus kann Hatefluence auch nicht-menschliche Ziele betreffen, wie z.B. das Scheitern von Großprojekten.

Das Verständnis der psychologischen Profile von Hatefluence Tätern ist ein wichtiger Schritt zur Entwicklung effektiver Strategien zur Bekämpfung von Hate Speech.

4.5 Die Rolle von Gruppendynamiken und Mobbing

<u>Gruppendynamik im Internet</u>

Gruppendynamiken sind soziale Prozesse und Phänomene, die in einer Gruppe von

Menschen auftreten. Sie können das Verhalten, die Einstellungen und die Wahrnehmungen der Gruppenmitglieder beeinflussen. Im Internet können diese Dynamiken durch die Anonymität und die Möglichkeit, sich hinter einem Bildschirm zu verstecken, verstärkt werden.

In Online-Gruppen können sich Machtstrukturen entwickeln, die das Verhalten der Gruppenmitglieder beeinflussen. Einzelne Mitglieder können eine dominante Rolle einnehmen und andere dazu bringen, sich ihrem Willen zu beugen. Konflikte und Spannungen innerhalb der Gruppe können die Folge sein.

Ein konkretes Beispiel für Gruppendynamik im Internet ist eine Online-Gaming-Community. In solchen Communities können sich Hierarchien und Rollen herausbilden, die das Verhalten der Mitglieder beeinflussen. Ein Spieler, der besonders gut in einem bestimmten Spiel ist, könnte eine Führungsrolle in der Gruppe einnehmen und die Strategien und Aktionen der Gruppe bestimmen. Die anderen Spieler ordnen sich diesem Spieler unter und befolgen seine Anweisungen, auch wenn sie nicht immer damit einverstanden sind.

<u>Mobbing im Internet</u>

Mobbing im Internet, auch Cybermobbing genannt, ist ein wachsendes Problem. Dabei handelt es sich um aggressive, absichtliche Handlungen, die von einer Person oder einer Gruppe gegen eine Einzelperson gerichtet sind und über einen längeren Zeitraum wiederholt auftreten.

Cyber-Mobbing kann verschiedene Formen annehmen, darunter Beleidigungen, Belästigungen, Verleumdungen und die Verbreitung von Gerüchten. Die Anonymität des Internets kann es den Tätern erleichtern, ihre Opfer zu schikanieren und zu demütigen, ohne direkte Konsequenzen befürchten zu müssen.

Die Folgen von Cyber-Mobbing können verheerend sein. Die Opfer können unter Angstzuständen, Depressionen, geringem Selbstwertgefühl und sogar Selbstmordgedanken leiden.

Ein mögliches Szenario für Cybermobbing könnte wie folgt aussehen: Ein Jugendlicher postet ein Foto von sich auf einer Social-Media-Plattform. Ein anderer Nutzer sieht das Foto und beginnt, beleidigende Kommentare zu posten und das Foto zu teilen, um sich über den Jugendlichen lustig zu machen. Andere Nutzer schließen sich an und das Mobbing eskaliert. Der betroffene Jugendliche fühlt sich gedemütigt und isoliert und kann unter schweren psychischen Belastungen leiden.

<u>Der Zusammenhang zwischen Gruppendynamik und Mobbing</u>

Gruppendynamiken können die Entstehung von

Mobbing im Internet beeinflussen. In einer Gruppe können bestimmte Mitglieder als Sündenböcke ausgewählt werden, gegen die sich der Hass und die Aggression der Gruppe richtet. Auf diese Weise kann es zu einem Kreislauf des Mobbings kommen, der nur schwer zu durchbrechen ist.

Darüber hinaus können Gruppendynamiken dazu beitragen, ein Umfeld zu schaffen, in dem Mobbing toleriert oder sogar gefördert wird. Wenn Gruppenmitglieder das Mobbing nicht aktiv ablehnen und eingreifen, kann dies den Täter ermutigen, sein Verhalten fortzusetzen.

Um Cyberbullying wirksam zu bekämpfen, ist es wichtig, sowohl die individuellen als auch die gruppendynamischen Faktoren zu berücksichtigen, die zu diesem Verhalten beitragen können. Präventions- und Interventionsstrategien sollten darauf abzielen, ein sicheres und respektvolles Online-Umfeld zu fördern und Opfern Unterstützung und Hilfe anzubieten.

5. DIE ROLLE DER SOZIALEN MEDIEN

In diesem Kapitel untersuchen wir die komplexe und vielschichtige Rolle der sozialen Medien bei der Verbreitung von Hass und Diskriminierung. Wir werden uns auf drei der weltweit führenden Plattformen konzentrieren: YouTube, Instagram und TikTok. Jede dieser Plattformen bietet einzigartige Möglichkeiten für Kommunikation und Interaktion, hat aber auch ihre eigenen Herausforderungen und Probleme, wenn es um Hass und Diskriminierung geht.

Wir werden untersuchen, wie diese Plattformen - bewusst oder unbewusst - zur Verbreitung von Hass und Diskriminierung beitragen.

Dabei werden wir sowohl die Mechanismen der Plattformen selbst als auch das Verhalten der Nutzer betrachten. Unter Berücksichtigung der Rolle der Plattformbetreiber und der politischen Entscheidungsträger werden wir uns mit Fragen der

Anonymität, der Algorithmen und der Regulierung befassen.

Darüber hinaus werden wir die Verantwortung dieser Plattformen diskutieren. Wie können und sollen sie sicherstellen, dass ihre Plattformen sicher und respektvoll sind? Mit welchen Strategien und Maßnahmen können sie gegen Hass und Diskriminierung vorgehen? Und wie können sie ihre Nutzer dabei unterstützen, sich gegen Hass und Diskriminierung zu wehren?

Schließlich werden wir uns damit beschäftigen, was wir als Nutzer tun können, um Hass und Diskriminierung in den sozialen Medien zu bekämpfen. Wir werden diskutieren, wie wir uns informieren, aufklären und engagieren können, um einen positiven Beitrag zu leisten.

Ziel dieses Kapitels ist die Förderung eines tieferen Verständnisses der Herausforderungen und Möglichkeiten im Umgang mit Hass und Diskriminierung in den Sozialen Medien. Es soll uns anregen, über unsere eigene Rolle und Verantwortung in den sozialen Medien nachzudenken und uns ermutigen, aktiv zu werden. Denn letztlich liegt es an uns allen, das Internet zu einem sichereren und respektvolleren Ort zu machen.

5.1 Wie haben Plattformen wie YouTube, Instagram und TikTok dazu beigetragen, die Verbreitung von Hass und Diskriminierung zu erleichtern?

Plattformen wie YouTube, Instagram und TikTok haben die Verbreitung von Hass und Diskriminierung auf verschiedene Weise gefördert. In diesem Artikel werden wir untersuchen, wie diese Plattformen zur Verbreitung von Hass und Diskriminierung beitragen und welche Maßnahmen ergriffen werden können, um dieses Problem zu bekämpfen.

Beginnen wir mit YouTube. Als eine der größten und meistgenutzten Plattformen für Videoinhalte hat YouTube eine enorme Reichweite und einen großen Einfluss. Leider hat diese Reichweite auch dazu geführt, dass YouTube als Plattform für Hass und Diskriminierung genutzt wird. Einige Nutzer nutzen die Plattform, um hasserfüllte und diskriminierende Inhalte zu verbreiten, oft unter dem Deckmantel der freien Meinungsäußerung. Diese Inhalte können sich schnell verbreiten und ein großes Publikum erreichen, was zu einer Verstärkung und Normalisierung von Hass und Diskriminierung führen kann.

Instagram, eine weitere weit verbreitete Plattform, steht vor ähnlichen Problemen. Als Plattform, die sich auf visuelle Inhalte konzentriert, kann Instagram zur Verbreitung von hasserfüllten und diskriminierenden Bildern und Memes genutzt werden. Darüber hinaus kann die Kommentarfunktion von Instagram als Plattform für hasserfüllte und diskriminierende Kommentare genutzt werden. Wie bei YouTube können diese Inhalte schnell ein großes Publikum erreichen und zur Verstärkung und Normalisierung von Hass und Diskriminierung beitragen.

Auch TikTok, eine relativ neue Plattform, die sich schnell zu einer der beliebtesten Social-Media-Plattformen entwickelt hat, hat mit Hass und Diskriminierung zu kämpfen. TikTok konzentriert sich auf kurze, oft humorvolle Videos, aber einige Nutzer nutzen die Plattform, um Hass und diskriminierende Inhalte zu verbreiten. Darüber hinaus kann die "Duett"-Funktion von TikTok, die es Nutzern ermöglicht, auf Videos anderer Nutzer zu reagieren, als Plattform für hasserfüllte und diskriminierende Äußerungen genutzt werden.

Es gibt mehrere Faktoren, die dazu beitragen, dass diese Plattformen zur Verbreitung von Hass und Diskriminierung genutzt werden können. Einer der wichtigsten Faktoren ist die Anonymität, die diese Plattformen häufig bieten. Viele Nutzer fühlen sich durch die Anonymität, die das Internet bietet, ermutigt, hasserfüllte und diskriminierende Äußerungen zu machen, die sie in einem persönlichen Gespräch nicht machen würden. Darüber hinaus können Algorithmen, die entwickelt wurden, um Nutzern Inhalte zu zeigen, die sie wahrscheinlich interessant finden, dazu führen, dass Nutzer immer wieder mit hasserfüllten und diskriminierenden Inhalten konfrontiert werden.

Ein weiterer Faktor ist der Mangel an Regulierung und Durchsetzung von Gemeinschaftsstandards auf diesen Plattformen. Obwohl alle diese Plattformen Gemeinschaftsstandards haben, die Hass und Diskriminierung verbieten, werden diese Standards oft nicht konsequent durchgesetzt. Hass und Diskriminierung können daher auf diesen Plattformen verbreitet werden, oft ohne dass die Verantwortlichen zur Rechenschaft gezogen werden.

Wir müssen uns darüber im Klaren sein, dass diese Plattformen nicht die Ursache für Hass und Diskriminierung sind, sondern vielmehr Werkzeuge, die von einigen missbraucht werden, um diese negativen Verhaltensweisen zu verbreiten. Es liegt in der Verantwortung von uns allen - Nutzern, Plattformbetreibern und politischen Entscheidungsträgern - Maßnahmen zu ergreifen, um die Verbreitung von Hass und Diskriminierung auf diesen Plattformen zu bekämpfen.

5.2 Welche Verantwortung tragen die Plattformen?

Plattformen wie YouTube, Instagram und TikTok haben die Pflicht, eine sichere und respektvolle Umgebung für ihre Nutzer zu gewährleisten.

Dazu gehört die Umsetzung von Strategien zur Bekämpfung von Hass und Diskriminierung auf ihren Plattformen.

Eine solche Strategie könnte die konsequente Anwendung und Durchsetzung von Gemeinschaftsstandards sein. Plattformen sollten Nutzer, die gegen diese Standards verstoßen, zur Verantwortung ziehen. Dies kann durch eine verbesserte Moderationspraxis, den Einsatz künstlicher Intelligenz zur Identifizierung von Hass- und Diskriminierungsinhalten und härtere Sanktionen für Nutzer, die wiederholt gegen die Gemeinschaftsstandards verstoßen, erreicht werden.

Eine weitere wichtige Maßnahme ist die Förderung der Medienkompetenz. Nutzer sollten in der Lage sein, Informationen kritisch zu hinterfragen, Quellen zu überprüfen und Falschinformationen zu erkennen. Durch die Verbesserung der Medienkompetenz können Nutzer hasserfüllte und diskriminierende Inhalte besser erkennen und sich dagegen wehren.

Schließlich können Aufklärungskampagnen dazu beitragen, das Bewusstsein für die Folgen von Hass und Diskriminierung zu schärfen und Empathie und Verständnis zu fördern. Solche Kampagnen können dazu ermutigen, Hass und Diskriminierung zu melden und dagegen vorzugehen.

Die Plattformen stehen oft vor einem Dilemma. Hassbotschaften gehen oft sehr schnell viral, was im Sinne der Plattform ist, da es die Nutzerbindung und -interaktion erhöht. Gleichzeitig stehen die Plattformen jedoch vor der Herausforderung, solche Beiträge zeitnah zu entfernen, um eine sichere und respektvolle Umgebung für ihre Nutzer zu gewährleisten.

5.3 Wie können wir soziale Medien dazu bringen, Hass und Diskriminierung zu bekämpfen?

Als Nutzer können wir auf verschiedene Weise dazu beitragen, dass soziale Medien Hass und Diskriminierung bekämpfen. Wenn wir auf einer Plattform hasserfüllte oder diskriminierende Inhalte sehen, sollten wir diese melden. Die meisten Plattformen verfügen über Mechanismen zur Meldung von Inhalten, die gegen ihre Gemeinschaftsstandards verstoßen. Darüber hinaus gibt es viele Organisationen und Bewegungen, die sich für ein sichereres Internet einsetzen. Wir können sie unterstützen, indem wir ihre Kampagnen teilen, an ihren Veranstaltungen teilnehmen oder sie finanziell unterstützen.

Wir können auch Druck auf die Plattformen ausüben, indem wir sie öffentlich zur Rechenschaft ziehen. Dies kann geschehen, indem wir unsere Erfahrungen teilen, offene Briefe schreiben oder Petitionen starten. Wir können auch andere über die Gefahren von Hass und Diskriminierung im Internet aufklären und ihnen beibringen, wie sie solche Inhalte erkennen und melden können. Schließlich können wir durch unser eigenes Verhalten ein positives Beispiel geben. Wir können respektvoll und einfühlsam mit anderen interagieren und uns gegen Hass und Diskriminierung aussprechen, wenn wir sie sehen.

Um sicherzustellen, dass Meldungen über hasserfüllte oder diskriminierende Inhalte auf diesen Plattformen ernst genommen werden, können die folgenden Schritte hilfreich sein: Stellen Sie sicher, dass Ihre Meldung klar und präzise ist. Geben Sie so viele Details wie möglich an, einschließlich konkreter Beispiele für den gemeldeten Inhalt. Bei der Meldung von Inhalten ist es wichtig, die richtige Kategorie oder den richtigen Grund für die Meldung zu wählen. Dies hilft den Moderatoren, den Kontext zu verstehen und die Meldung effektiver zu bearbeiten.

Wenn Ihre Meldung zunächst nicht bearbeitet wird, geben Sie nicht auf. Es kann hilfreich sein, die Meldung erneut einzureichen oder zusätzliche Beweise oder Hintergründe zu liefern. Wenn Ihre Meldung nicht beachtet wird, kann es hilfreich sein, andere um Unterstützung zu bitten. Das kann bedeuten, dass Sie Ihre Erfahrungen weitergeben, um auf das Problem aufmerksam zu machen, oder dass Sie sich an Organisationen wenden, die sich gegen Hass und Diskriminierung im Internet einsetzen. Viele Plattformen bieten die Möglichkeit, Feedback zu geben. Nutzen Sie diese Möglichkeiten, um Ihre Bedenken über den Umgang mit Meldungen zu äußern und Verbesserungsvorschläge zu machen.

Durch diese Maßnahmen können wir dazu beitragen, den Druck auf soziale Medien zu erhöhen, Hass und Diskriminierung auf ihren Plattformen zu bekämpfen. Wir dürfen nicht vergessen, dass Veränderungen Zeit brauchen und dass Konsequenz und Geduld wichtig sind. Jeder von uns kann etwas bewirken. Gemeinsam können wir das Internet zu einem sichereren und respektvolleren Ort machen.

5.4 Die Rolle von Algorithmen und KI bei der Verbreitung von Hatefluence

Stellen Sie sich Algorithmen in sozialen Netzwerken als persönliche Assistenten vor, die versuchen, Ihnen genau das zu zeigen, was Sie sehen möchten.

Wenn Sie ein soziales Netzwerk betreten, ist es, als würden Sie einen riesigen digitalen Raum betreten, der mit unzähligen Posts, Bildern, Videos und vielem mehr gefüllt ist. Ihr persönlicher Assistent, der Algorithmus, hat die Aufgabe, aus dieser riesigen Menge an Informationen diejenigen auszuwählen, die Sie am meisten interessieren könnten.

Wie macht er das? Er beobachtet Ihr Verhalten. Welche Beiträge liken Sie? Welche Videos sehen Sie sich an? Mit wem interagieren Sie am häufigsten? All diese Informationen helfen dem Algorithmus, ein Profil Ihrer Vorlieben zu erstellen.

Stellen Sie sich den Algorithmus wie einen Künstler vor, der anhand Ihrer Aktionen und Interaktionen ein Porträt von Ihnen malt. Jedes Mal, wenn Sie etwas liken, teilen oder kommentieren, fügt der Künstler diesem Porträt eine weitere Farbschicht hinzu. Mit der Zeit wird das Bild immer detaillierter und genauer.

Nun, da der Algorithmus ein detailliertes Bild von Ihnen hat, kann er durch den digitalen Raum navigieren und die Inhalte auswählen, die am besten zu Ihrem Porträt passen. Er präsentiert Ihnen diese Inhalte in Ihrem Newsfeed und hofft, dass sie Ihnen gefallen.

Algorithmen spielen bei der Verbreitung von Hatefluence also eine entscheidende Rolle. Sie sind die unsichtbaren Kräfte, die bestimmen, welche Inhalte auf Social-Media-Plattformen hervorgehoben werden. Diese Algorithmen sind darauf ausgelegt, das Engagement der Nutzer zu fördern und zu maximieren. Sie tun dies, indem sie Inhalte priorisieren, die starke emotionale Reaktionen hervorrufen, da diese Art von Inhalten tendenziell mehr Interaktionen erzeugt.

Hass-Influencer können diese Algorithmen zu ihrem Vorteil nutzen. Sie erstellen und teilen Content, der starke negative Gefühle wie Ärger oder

Furcht auslöst. Diese Inhalte neigen dazu, hohe Interaktionsraten zu erzielen, was dazu führt, dass die Algorithmen sie weiter priorisieren und an mehr Nutzer verteilen. Auf diese Weise können Hass-Influencer ihre Botschaften schnell und effizient verbreiten.

Künstliche Intelligenz (KI) ist ein weiteres Werkzeug, das Hass-Influencer nutzen können, um ihre Botschaften zu verbreiten. KI kann in verschiedenen Formen eingesetzt werden, von einfachen Automatisierungswerkzeugen bis hin zu komplexen Systemen des maschinellen Lernens.

Ein Bereich, in dem KI besonders nützlich sein kann, ist die Erstellung von Grafiken. Hass-Influencer können mithilfe von KI-Tools ansprechende und provokative Bilder erstellen, die ihre Botschaften visuell vermitteln. Diese Bilder können dann auf Social-Media-Plattformen geteilt werden, wo sie von den Algorithmen der Plattform aufgegriffen und verbreitet werden.

KI kann auch eingesetzt werden, um die Wirksamkeit von Hatefluence-Kampagnen zu messen und zu optimieren. Durch die Analyse von Nutzerdaten und Interaktionsmustern können KI-Systeme Einblicke in das Verhalten und die Präferenzen der Zielgruppe liefern. Diese Informationen können dann genutzt werden, um zukünftige Inhalte und Strategien anzupassen und zu optimieren.

Künstliche Intelligenz (KI) ist ein unglaublich mächtiges und nützliches Werkzeug. Sie hat das Potenzial, viele Aspekte unseres Lebens zu verbessern, von der Verbesserung der Gesundheitsfürsorge und der Vorhersage von Naturkatastrophen bis hin zur Steigerung der Effizienz von Unternehmen und der Bereitstellung personalisierter Lernerfahrungen.

Die überwiegende Mehrheit der Anwendungen der künstlichen Intelligenz ist friedlich und soll das Leben der Menschen verbessern. Sie wird in einer Vielzahl von Bereichen eingesetzt, darunter Medizin, Bildung, Umweltschutz und viele mehr. In diesen Kontexten kann KI dazu beitragen, komplexe Probleme zu lösen, menschliche Fähigkeiten zu erweitern und neue Möglichkeiten zu eröffnen.

Es ist jedoch unvermeidlich, dass jede Technologie, einschließlich der KI, missbraucht werden kann. Es liegt in unserer Verantwortung, uns dieser potenziellen Missbräuche bewusst zu sein und Maßnahmen zu ergreifen, um sie zu verhindern. Gleichzeitig sollten wir die positiven Anwendungen und das enorme Potenzial von KI nicht übersehen. Sie ist ein Werkzeug, und wie bei jedem Werkzeug hängt ihr Wert davon ab, wie wir sie einsetzen. Bei verantwortungsbewusster Nutzung und sorgfältiger Regulierung kann KI auch weiterhin zu einer besseren und gerechteren Welt beitragen.

5.5 Fallbeispiele: Wie verschiedene Plattformen mit Hatefluence umgehen

Social-Media-Plattformen spielen eine wichtige Rolle bei der Bekämpfung von Hassreden und setzen dabei häufig auf künstliche Intelligenz (KI). Hier einige Beispiele, wie verschiedene Plattformen mit Hatespeech umgehen:

Automatische Erkennung von Hate Speech

Verschiedene Plattformen nutzen KI-Systeme, um Hassreden zu identifizieren und zu moderieren. Diese Systeme können bestimmte sprachliche Muster erkennen, die auf Hate Speech hindeuten, und diese Inhalte zur Überprüfung markieren oder sogar automatisch entfernen. Die Forscher empfehlen, dass Social-Media-Plattformen ihre eigenen Regeln durchsetzen, Daten von extremistischen Websites nutzen, um Erkennungsmodelle zu erstellen, nach spezifischen sprachlichen Markern suchen, Schimpfwörter in der Toxicity Detection herabstufen und Moderatoren und Algorithmen schulen, um Hatespeech zu erkennen.

Moderation von Inhalten

Neben automatisierten Systemen setzen viele Plattformen auch menschliche Moderatoren zur Bekämpfung von Hate Speech ein. Die Moderatoren prüfen gemeldete Inhalte und entscheiden, ob sie gegen die Richtlinien der Plattform verstoßen.

In einigen Fällen suchen sie auch proaktiv nach Hassinhalten.

Kooperation mit externen Organisationen

Einige Plattformen arbeiten mit externen Organisationen zusammen, um Hate Speech zu bekämpfen. So hat beispielsweise die Anti-Defamation League einen Bericht veröffentlicht, der die Defizite von Social-Media-Plattformen bei der Bekämpfung von Hatespeech untersucht und Wege zur Verbesserung der automatisierten Erkennung von Hatespeech aufzeigt.

KI im Content Management

KI spielt eine immer wichtigere Rolle im Content Management. Sie kann dabei helfen, Inhalte zu erstellen, Prozesse zu optimieren, die Kundenbindung zu verbessern, Trends vorherzusagen und monotone Aufgaben zu automatisieren. Hier einige Beispiele, wie KI im Content Management eingesetzt wird:

Generative KI für die Content-Erstellung

Generative KI kann als persönliche Content-Fabrik fungieren, die alles von Blogs und Artikeln bis hin zu Social-Media-Updates und knackigen Produktbeschreibungen erstellt. Sie kann nicht nur die mühsame Arbeit der Content-Erstellung reduzieren, sondern auch die Qualität der Inhalte sicherstellen und die Sichtbarkeit und Reichweite der Inhalte durch SEO-Optimierung verbessern.

Personalisierung von Inhalten

KI kann das Nutzerverhalten analysieren und auf dieser Basis personalisierte Inhalte erstellen. Dadurch wird die Nutzerbindung erhöht und die User Experience verbessert.

Vorhersage von Trends

Durch die Analyse von Daten kann KI zukünftige Content-Trends vorhersagen. So wird sichergestellt, dass Inhalte relevant und aktuell bleiben.

Automatisierung von Aufgaben

KI kann dabei helfen, monotone Aufgaben zu automatisieren, wie z.B. das Taggen von Bildern, das Erstellen von Blogposts und Landingpages, das Erstellen und Variieren von Überschriften, das Generieren von Bildern, SEO-Recherchen und das Zusammenfassen von Inhalten.

Insgesamt kann KI dazu beitragen, das Content Management effizienter und effektiver zu gestalten und gleichzeitig die Qualität und Relevanz der Inhalte zu verbessern.

6. DIE MACHT DER FOLLOWER

Influencer haben eine bemerkenswerte Macht in der sich ständig verändernden digitalen Landschaft erlangt. Mit ihrer Fähigkeit, Meinungen zu formen, Verhalten zu beeinflussen und sogar soziale Bewegungen auszulösen, stehen sie im Mittelpunkt dieses Kapitels. Wir werden die Mechanismen untersuchen, die es Influencern ermöglichen, eine treue Anhängerschaft aufzubauen, die Macht, die sie durch diese Anhängerschaft erlangen, und die Verantwortung, die sie gegenüber ihren Followern tragen. Dieses Kapitel soll ein umfassenderes Bewusstsein dafür schaffen, wie Influencer ihre Plattformen nutzen können, um positive Veränderungen in der Welt zu bewirken. Es bietet einen faszinierenden Einblick in die Welt der digitalen Einflussnahme und deren Macht, echte gesellschaftliche Veränderungen zu bewirken.

6.1 Wie können Influencer ihre Follower dazu bringen, ihnen zu folgen?

Die Authentizität eines Influencers spielt eine entscheidende Rolle, wenn es darum geht, eine engagierte Fangemeinde zu gewinnen. Influencer, die ihre wahren Überzeugungen und Werte teilen, sind oft erfolgreicher. Sie sind nicht nur daran interessiert, Produkte zu bewerben oder Markenbotschafter zu sein. Vielmehr nutzen sie ihre Plattformen auch, um wichtige Themen anzusprechen und ihre Meinungen und Erfahrungen zu teilen.

Ein weiterer wichtiger Aspekt ist das Engagement des Influencers gegenüber seinen Followern. Influencer, die sich die Zeit nehmen, mit ihren Followern zu interagieren, bauen oft eine stärkere Bindung zu ihrer Community auf. Sie antworten auf Kommentare, teilen nutzergenerierte Inhalte und nehmen sich die Zeit, ihre Follower kennenzulernen. Dies kann dazu führen, dass sich die Follower stärker mit dem Influencer verbunden fühlen und eher bereit sind, dessen Inhalte zu teilen und zu unterstützen.

Viele Influencer nutzen ihre Plattformen auch, um ihre Follower aufzuklären und zu informieren. Sie können über verschiedene Themen sprechen, von Gesundheit und Wellness bis hin zu sozialen und politischen Themen. Indem sie ihre Follower aufklären, können sie dazu beitragen, Bewusstsein und Verständnis für wichtige Themen zu schaffen.

Influencer können auch mit Marken und Organisationen zusammenarbeiten, die ihre Werte teilen. Durch diese Partnerschaften können sie ihre Reichweite vergrößern und ihre Botschaft einem größeren Publikum vermitteln.

Schließlich können Influencer ihre Follower dazu ermutigen, Maßnahmen gegen Hass und Diskriminierung zu ergreifen. Sie können Petitionen teilen, zu Spenden aufrufen oder ihre Follower ermutigen, an lokalen Veranstaltungen und Protesten teilzunehmen.

Insgesamt haben Influencer die Möglichkeit, ihre Plattformen zu nutzen, um positive Veränderungen in der Welt zu bewirken. Indem sie authentisch sind, sich für ihre Follower einsetzen, Bildung fördern, sinnvolle Partnerschaften eingehen und zum Handeln aufrufen, können sie ihre Follower dazu inspirieren, ihnen zu folgen und sich gegen Hass und Diskriminierung auszusprechen. Was für den einen Influencer funktioniert, muss für den anderen nicht funktionieren.

6.2 Wie können sie diese Macht nutzen?

Influencer müssen auch Verantwortung für ihre Plattformen übernehmen und sicherstellen, dass sie ein sicheres und respektvolles Umfeld für ihre Follower schaffen. Sie können dies tun, indem sie klare Richtlinien für das Verhalten auf ihren Plattformen aufstellen und sicherstellen, dass Hass und Diskriminierung nicht toleriert werden. Sie können auch Moderatoren einsetzen, um Kommentare zu überwachen und sicherzustellen, dass alle Diskussionen respektvoll und konstruktiv sind.

Darüber hinaus ist es wichtig, dass Influencer ihre Follower ermutigen, ihre Stimme gegen Hass und Diskriminierung zu erheben. Sie können dies tun, indem sie ihre Follower ermutigen, ihre eigenen Erfahrungen zu teilen und sich an Diskussionen zu beteiligen. Sie können auch Ressourcen und Informationen bereitstellen, um ihre Follower über Hass und Diskriminierung aufzuklären und ihnen zu zeigen, wie sie sich dagegen wehren können.

Letztendlich hängt der Erfolg eines Influencers nicht nur von der Anzahl seiner Follower ab, sondern auch davon, wie er seine Plattform nutzt, um positive Veränderungen zu bewirken. Indem sie authentisch sind, sich für ihre Follower einsetzen, Bildung fördern, sinnvolle Partnerschaften eingehen und zum Handeln aufrufen, können Influencer ihre Follower dazu inspirieren, ihnen zu folgen und sich gegen Hass und Diskriminierung auszusprechen. Es ist ein langer Weg, aber er lohnt sich.

6.3 Welche Verantwortung tragen Influencer gegenüber ihren Followern?

Influencer tragen eine große Verantwortung gegenüber ihren Followern. Sie sind nicht nur Urheber von Inhalten, sondern auch Vorbilder, Meinungsführer und oft auch Freunde für ihre Follower. Diese Rollen bringen eine Reihe von Verantwortlichkeiten mit sich, die Influencer ernst nehmen sollten.

Als Vorbilder haben Influencer die Verantwortung, positive Werte und Verhaltensweisen zu fördern. Sie sollten sich bewusst sein, dass ihre Handlungen und Worte einen Einfluss auf ihre Follower haben können, insbesondere auf jüngere Follower, die möglicherweise anfälliger für den Einfluss von Influencern sind. Influencer sollten daher darauf achten, durch ihr Verhalten positive Werte wie Respekt, Toleranz und Freundlichkeit zu fördern.

In ihrer Rolle als Meinungsführer haben Influencer die Verantwortung, genaue und verlässliche Informationen zu verbreiten. Sie sollten sicherstellen, dass die von ihnen verbreiteten Informationen auf soliden Quellen beruhen und dass sie ihre Beziehungen zu Marken und Unternehmen transparent machen. Influencer sollten auch bereit sein, ihre Meinungen zu überdenken und zu korrigieren, wenn sie feststellen, dass sie falsch sind.

Viele Follower betrachten Influencer als Freunde oder Vertraute. In dieser Rolle haben Influencer die Verantwortung, eine positive und unterstützende

Gemeinschaft für ihre Follower zu schaffen. Sie sollten darauf achten, ein sicheres und einladendes Umfeld für ihre Follower zu schaffen, in dem Hass und Diskriminierung nicht toleriert werden.

Influencer sind als Produzenten von Inhalten dafür verantwortlich, qualitativ hochwertige und ansprechende Inhalte zu erstellen. Sie sollten sicherstellen, dass ihre Inhalte ihren Followern einen Mehrwert bieten, sei es durch Unterhaltung, Bildung oder Inspiration. Influencer sollten auch darauf achten, dass ihr Content ethisch und legal ist und die Rechte anderer respektiert.

Viele Influencer arbeiten mit Marken und Unternehmen zusammen und haben daher auch eine Verantwortung als Geschäftspartner. Sie sollten sicherstellen, dass sie transparent mit gesponserten Inhalten umgehen und nur mit Marken und Unternehmen zusammenarbeiten, die ihre Werte teilen.

Die Verantwortung für ihre Follower muss dabei ernst genommen werden. Sie haben die Möglichkeit, ihre Follower positiv zu beeinflussen und eine Community aufzubauen, die auf Respekt, Toleranz und Freundlichkeit basiert. Es ist jedoch auch wichtig, dass sich Influencer ihrer Grenzen bewusst sind und verstehen, dass sie nicht alle Probleme ihrer Follower lösen können. Sie sollten immer bereit sein, ihre Follower an professionelle Ressourcen zu verweisen, wenn sie mit Themen konfrontiert werden, die ihre Kompetenzen übersteigen.

6.4 Die Rolle der Follower bei der Verbreitung von Hatefluence

<u>Technische Aspekte</u>

Die Algorithmen der sozialen Medien sind darauf ausgelegt, Inhalte zu fördern, die Interaktionen hervorrufen. Jede Aktion, die ein Nutzer auf einer Plattform ausführt, wird von diesen Algorithmen erfasst und analysiert. Dazu gehören das Ansehen von Videos, das Liken von Beiträgen, das Teilen von Inhalten und das Hinterlassen von Kommentaren.

Selbst wenn ein Nutzer aus Neugier auf ein Video klickt, interpretiert der Algorithmus dieses Verhalten als Interesse und empfiehlt ähnliche Inhalte. Das bedeutet, dass selbst ein kurzer Klick auf ein Video, das Hass verbreitet (Hatefluence), dazu führen kann, dass der Nutzer mehr solcher Inhalte sieht und auch das Video selbst vom Algorithmus höher bewertet wird.

Auch Kommentare spielen eine wichtige Rolle. Unabhängig davon, ob ein Kommentar positiv oder kritisch ist, wird er vom Algorithmus als Engagement gewertet. Dies führt dazu, dass der betreffende Inhalt weiter gefördert wird, da der Algorithmus davon ausgeht, dass der Inhalt für den Nutzer relevant ist.

<u>Psychologische Aspekte</u>

Auf psychologischer Ebene kann die Neugier der Menschen oft dazu führen, dass sie auf Inhalte klicken, die Hass verbreiten. Das kann dazu führen, dass sie, ohne es zu wissen, dazu beitragen, solche Inhalte zu verbreiten. Darüber hinaus kann die ständige Konfrontation mit solchen Inhalten zu einer Beeinflussung der Wahrnehmung der Nutzerinnen und Nutzer und zu einer Normalisierung von Hass und Vorurteilen führen.

Vorsichtsmaßnahmen

Die Nutzer müssen sich über ihre Rolle bei der Verbreitung der Hassrede im Klaren sein. Sie müssen ihre Neugier zügeln und vorsichtig sein, welche Inhalte sie anklicken, teilen oder kommentieren. Jede Interaktion, auch wenn sie gut gemeint ist, kann zur weiteren Verbreitung solcher Inhalte führen. Daher ist es wichtig, sich bewusst zu sein und verantwortungsvoll zu handeln, um die Verbreitung von Hatefluence zu minimieren.

7. DIE AUSWIRKUNGEN AUF DIE OPFER

Wir werden in diesem Kapitel untersuchen, wie sich die Opfer schützen können, welche Auswirkungen diese negativen Erfahrungen auf ihr Leben haben und was wir als Gesellschaft tun können, um die Opfer zu unterstützen.

Wir werden uns mit den vielfältigen Formen von Hass und Diskriminierung, die im Internet auftreten können, auseinandersetzen und Strategien zur Bekämpfung dieser Probleme vorstellen. Darüber hinaus werden wir die psychischen und physischen Auswirkungen von Hass und Diskriminierung auf die Opfer und ihre Gemeinschaften beleuchten.

Schließlich werden wir diskutieren, was wir als Gesellschaft tun können, um die Opfer zu unterstützen. Dazu gehört, ihren Erfahrungen zuzuhören und sie anzuerkennen, Hass und Diskriminierung zu erkennen und zu melden,

Respekt und Toleranz zu fördern und sich für eine positive Online-Kultur einzusetzen.

7.1 Wie können sich die Opfer von Hass und Diskriminierung im Internet schützen?

Zunächst ist es wichtig zu verstehen, dass Hass und Diskriminierung im Internet viele Formen annehmen können. Sie können aufgrund von Faktoren wie Herkunft, Hautfarbe, Geschlecht, sexueller Orientierung, Religionszugehörigkeit oder Weltanschauung auftreten. Das Internet bietet eine besonders geeignete Plattform für solche Verhaltensweisen, da die Anonymität, die es bietet, die Hemmschwelle senkt und Hass-Inhalte mehr Aufmerksamkeit erhalten und dadurch weiter verbreitet werden.

Kinder und Jugendliche müssen lernen zu erkennen, wann die Grenze zu verletzendem und diskriminierendem Verhalten überschritten ist. Eltern können hier eine wichtige Rolle spielen, indem sie ihre Kinder darin unterstützen, eine klare Haltung zu entwickeln und sich aktiv gegen Diskriminierung einzusetzen.

Es gibt verschiedene Strategien, die Opfer von Hass und Diskriminierung im Internet zum Schutz einsetzen können. Eine davon ist die Nutzung von Melde- und Beratungsstellen. Das International Network Against Cyber Hate (INACH) ist ein weltweites Netzwerk von Melde- und Beratungsstellen mit derzeit 29

Mitgliedsorganisationen aus 22 Ländern. INACH hat sich zum Ziel gesetzt, zur Wahrung der Menschenrechte im Internet beizutragen und menschenverachtende Inhalte im Netz zu bekämpfen.

Die meisten INACH-Mitglieder betreiben ein systematisches Monitoring von Internetangeboten und nehmen als Online-Meldestellen Hinweise von Nutzerinnen und Nutzern entgegen. Diskriminierende und illegale Inhalte werden an die Plattformbetreiber und in schwerwiegenden Fällen direkt an die Strafverfolgungsbehörden weitergeleitet, um eine möglichst rasche Löschung der Beiträge zu erreichen. Andere Mitglieder setzen stärker auf Bildungs- und Aufklärungsarbeit, um für die Problematik zu sensibilisieren und Zivilcourage im Netz zu fördern.

Auch Opfer von Hetze und Diskriminierung im Internet sollen erfahren, dass sie nicht allein sind. Es gibt viele Organisationen und Einzelpersonen, die bereit sind, ihnen zu helfen und sie zu unterstützen. Wenn du mit Rassismus im Internet und digitaler Gewalt konfrontiert bist, kannst du dich auch an spezialisierte Anlaufstellen wenden.

Als Gesellschaft können wir dazu beitragen, die Opfer zu unterstützen, indem wir uns aktiv gegen Hass und Diskriminierung im Internet einsetzen. Wir können im Netz und auf sozialen Plattformen ein Zeichen gegen Rechts setzen. Wir können auch unsere Kinder und Jugendlichen ermutigen, eine klare Haltung zu entwickeln und sich aktiv gegen Diskriminierung einzusetzen.

Im Kampf gegen Hass und Diskriminierung im Internet ist es wichtig, dass wir alle zusammenarbeiten. Jeder von uns kann einen Beitrag leisten, indem er sich bewusst für Respekt und Toleranz einsetzt und sich gegen Hass und Diskriminierung ausspricht. Gemeinsam können wir das Internet zu einem sichereren und respektvolleren Ort für alle machen.

7.2 Welche Auswirkungen hat es auf ihr Leben?

Hass und Diskriminierung im Internet haben vielfältige und tiefgreifende Auswirkungen auf das Leben der Betroffenen. In einer der bisher größten deutschen Repräsentativstudien gaben zwei Drittel der teilnehmenden Internetnutzer*innen an, dass Hasskommentare ihre Psyche beeinträchtigen.

Die psychischen Folgen können von Ängsten und Depressionen bis hin zu posttraumatischen Belastungsstörungen reichen. Viele Betroffene fühlen sich isoliert und allein gelassen, was zu einem Gefühl der Hilflosigkeit führen kann. Das kann dazu führen, dass sie sich aus dem Internet zurückziehen und soziale Medien meiden, was wiederum ihre Fähigkeit einschränken kann, mit anderen in Kontakt zu treten und Informationen zu erhalten.

Darüber hinaus kann die Erfahrung von Hass und Diskriminierung im Internet auch das Selbstwertgefühl der Betroffenen beeinträchtigen. Sie können beginnen, an sich und ihren Fähigkeiten zu zweifeln. Leistungsfähigkeit und Lebensqualität werden dadurch beeinträchtigt.

Hass und Diskriminierung im Internet können auch körperliche Folgen haben. Ständige Angst und Stress können zu Schlafstörungen, Kopfschmerzen und anderen körperlichen Beschwerden führen. In einigen Fällen kann dies sogar zu ernsthaften Gesundheitsproblemen wie Herz-Kreislauf-Erkrankungen führen.

Die Auswirkungen von Hass und Diskriminierung im Internet beschränken sich nicht nur auf die unmittelbar Opfer. Sie können sich auch auf die Gemeinschaften auswirken, denen die Betroffenen angehören. Wenn eine Person aufgrund ihrer Herkunft, Hautfarbe, Geschlechtsidentität, sexuellen Orientierung oder Religion angegriffen wird, kann es dazu führen, dass sich andere Mitglieder dieser Gemeinschaft unsicher und bedroht fühlen. In der gesamten Gemeinschaft kann dies zu einer Atmosphäre der Angst und des Misstrauens führen.

Deshalb müssen wir uns alle gemeinsam gegen Hass und Diskriminierung im Internet einsetzen. Jeder von uns kann einen Beitrag leisten, indem er sich bewusst für Respekt und Toleranz einsetzt und sich gegen Hass und Diskriminierung ausspricht.

7.3 Wie können wir als Gesellschaft dazu beitragen, die Opfer zu unterstützen?

Als Gesellschaft können wir auf vielfältige Weise dazu beitragen, den Opfern von Hass und Diskriminierung im Internet zu helfen. Ein erster Schritt ist es, den Opfern zuzuhören und ihren Berichten Glauben zu schenken. Oft fühlen sich Opfer nicht gehört oder ihre Erfahrungen werden angezweifelt. Indem wir ihnen zuhören und ihre Erfahrungen anerkennen, können wir ihnen helfen, sich verstanden und unterstützt zu fühlen.

Ebenso wichtig ist es, dass wir in der Lage sind, Gewalt und Diskriminierung zu erkennen, wenn wir sie sehen. Darüber hinaus sollten wir über die verschiedenen Hilfsangebote für Opfer informiert und bereit sein, diese Informationen weiterzugeben.

Wir sollten auch auf Gewalt und Diskriminierung aufmerksam machen und darüber sprechen. Indem wir diese Themen in den Vordergrund rücken, können wir dazu beitragen, das Bewusstsein für diese Probleme zu schärfen und die Notwendigkeit von Veränderungen zu unterstreichen.

Ein weiterer wichtiger Aspekt ist das Verständnis und die Umsetzung des Konzepts der Konsensfähigkeit in unseren Interaktionen mit anderen. Das bedeutet, dass wir das Recht jeder Person respektieren sollten, ihre eigenen Entscheidungen zu treffen, und dass wir niemanden zu etwas zwingen oder drängen sollten.

Besonders wichtig ist Zivilcourage im Umgang mit Influencern, die Hass und Hetze verbreiten. Zivilcourage erfordert Haltung, Werte, Verantwortungsbewusstsein und den Mut, sich einzumischen. Jeder kann seinen Beitrag leisten und Verantwortung übernehmen, um das soziale Klima in der Gesellschaft zu stärken. Dazu gehört zum Beispiel, dass Hasskommentare gemeldet oder Kampagnen gegen Hass im Netz unterstützt werden.

Darüber hinaus ist es wichtig, den Dialog zu suchen. Miteinander diskutieren und vor allem einander zuhören ist der Schlüssel. Wer gute Argumente hat, sollte sich Gehör verschaffen, aber ebenso offen sein, andere Meinungen anzuhören, zu respektieren und sich vielleicht auch überzeugen zu lassen. Das gilt vor allem für die reichweitenstarke und damit meinungsbildende Kommunikation.

Wenn wir diese Schritte befolgen, können wir dazu beitragen, eine solidarische und empathische Gesellschaft zu schaffen, in der sich alle Menschen sicher und respektiert fühlen, auch im Internet.

8. DIE AUSWIRKUNGEN AUF DIE GESELLSCHAFT

Nun untersuchen die Auswirkungen von Hass und Diskriminierung, die von so genannten 'Hatefluencern' verbreitet werden, auf unsere Gesellschaft. Wir beleuchten die Rolle von Influencern wie dem Drachenlord, deren provokative und beleidigende Äußerungen zu einer Eskalation von Hass und Diskriminierung führen können. Wir werden die vielfältigen Auswirkungen dieser Phänomene auf individueller, gesellschaftlicher und politischer Ebene analysieren und dabei auch die Rolle der Medien in diesem Prozess berücksichtigen.

Darüber hinaus werfen wir einen Blick in die Zukunft und diskutieren mögliche Entwicklungen in der Welt der Influencer in den kommenden Jahren. Von der zunehmenden Bedeutung authentischer Influencer und neuer Medien und

Plattformen bis hin zur wachsenden Rolle virtueller Influencer und der Gaming-Szene werden wir untersuchen, wie diese Trends die Landschaft der Influencer-Kultur prägen könnten.

8.1 Wie beeinflusst Hass und Diskriminierung im Internet unsere Gesellschaft?

Die Auswirkungen von Hass und Diskriminierung, die im Internet verbreitet werden, insbesondere durch "Influencer", können für unsere Gesellschaft von großer Bedeutung sein. Sie können die öffentliche Meinung prägen, Trends setzen und sogar politische Entscheidungen beeinflussen.

Drachenlord ist ein Beispiel dafür, wie ein Influencer durch Provokation und Beleidigung Reichweite generieren kann. Da seine Aussagen oft polarisierend und kontrovers waren, konnten Hass und Diskriminierung eskalieren.

Darüber hinaus kann die Art und Weise, wie Drachenlord mit Kritik und Gegenreaktionen umgeht, dazu beitragen, eine Kultur der Intoleranz und Respektlosigkeit im Internet zu fördern. Solche Verhaltensweisen können ihrerseits dazu führen, dass sich andere Nutzer ähnlich verhalten, was zu einer weiteren Eskalation von Hass und Diskriminierung führen kann.

Die Auswirkungen von Hassreden und Diskriminierung im Internet sind vielfältig und können sowohl individuelle als auch gesellschaftliche Folgen haben. Sie können das Selbstwertgefühl und das psychische Wohlbefinden der Betroffenen beeinträchtigen und zu sozialer Isolation führen. Auf gesellschaftlicher Ebene können sie zu einer Zunahme von Vorurteilen und Diskriminierung, zu einer Verschärfung sozialer Spannungen und Konflikte und zu einer Erosion des sozialen Zusammenhalts führen. Maßnahmen zur Bekämpfung von Hass und Diskriminierung im Internet und zur Förderung einer Kultur des Respekts und der Toleranz sind daher von entscheidender Bedeutung.

8.2 Die langfristigen Auswirkungen von Hatefluence auf die Gesellschaft

Die Auswirkungen von Hatefluence auf das soziale Gefüge einer Gesellschaft sind tiefgreifend und weitreichend. Die Verbreitung von Hass und Vorurteilen kann soziale Bindungen schwächen und Gemeinschaften spalten. Die Folge ist eine Zunahme der gesellschaftlichen Isolation und der Konfliktbereitschaft, die sich negativ auf das gesellschaftliche Gefüge auswirken kann.

Darüber hinaus kann Hass dazu führen, dass Menschen aus Angst vor Vergeltung oder Ausgrenzung weniger bereit sind, sich in ihrer Gemeinschaft zu engagieren oder für soziale Gerechtigkeit einzutreten.

Folgen für die politische Landschaft

Auch die politische Landschaft ist nicht immun gegen die Auswirkungen von Hatefluence. Hassbotschaften können dazu beitragen, die politische Debatte zu polarisieren und extremistische Ansichten zu normalisieren. Dadurch können Populismus und Extremismus in der Politik zunehmen, was die politische Stabilität und den sozialen Zusammenhalt einer Gesellschaft erheblich beeinträchtigt.

Langfristig kann Hatefluence dazu führen, dass politische Entscheidungsträger zunehmend auf polarisierende und spaltende Rhetorik zurückgreifen, um Wählerstimmen zu gewinnen. Statt sachlicher Argumente und konstruktiver Debatten können politische Diskussionen dann zunehmend von Hass und Vorurteilen geprägt sein. Zudem kann Hassrethorik die Kompromissbereitschaft und Kooperationsfähigkeit politischer Akteure mindern, was die politische Handlungsfähigkeit einer Gesellschaft deutlich beeinträchtigen kann.

Folgen für die Medienlandschaft

Hatefluence hat auch erhebliche Auswirkungen auf die Medienlandschaft. Durch die Verbreitung von Hass und Vorurteilen können Medien dazu beitragen, diese Ansichten zu normalisieren und zu legitimieren. Die Folge davon kann eine Akzeptanz dieser Ansichten in der breiten Öffentlichkeit sein, was eine Verschiebung der öffentlichen Meinung und der Medienberichterstattung in eine negative Richtung nach sich ziehen kann.

Auf lange Sicht kann Hatefluence dazu führen, dass die Medien in zunehmendem Maße polarisierende und spaltende Inhalte produzieren, um Zuschauer und Leser zu gewinnen. Die Folge könnte eine Berichterstattung sein, die zunehmend von Sensationslust und Skandalisierung statt von sachlicher Berichterstattung und konstruktiven Debatten geprägt ist. Darüber hinaus kann Hatefluence dazu führen, dass Medien weniger bereit sind, sich kritisch mit Hass und Vorurteilen auseinanderzusetzen, aus Angst vor Repressalien oder dem Verlust von Werbeeinnahmen.

Die langfristigen Auswirkungen von Hatefluence auf die Gesellschaft sind tiefgreifend und vielfältig. Es ist wichtig, dass wir uns dieser Auswirkungen bewusst sind und Maßnahmen ergreifen, um sie zu bekämpfen. Das kann durch Aufklärung geschehen und positive Online-Interaktionen fördern. Weitere Forschung in diesem Bereich ist ebenfalls wichtig, um die Auswirkungen von Hassreden besser zu verstehen und wirksame Gegenstrategien zu entwickeln.

8.3 Die Rolle von Hatefluence in der Politik und im öffentlichen Diskurs

In der Politik spielt Hatefluence eine entscheidende Rolle. Politische Akteure und Gruppen nutzen häufig soziale Medien, um ihre Botschaften zu verbreiten und Unterstützung zu mobilisieren. In einigen Fällen können diese Botschaften jedoch dazu führen, dass Hass und Diskriminierung gefördert werden. Dadurch kann sich die politische Rhetorik verschärfen und die politische Polarisierung zunehmen.

Hassbotschaften können auch zur Normalisierung bestimmter politischer Ideologien und Ansichten beitragen. Wenn einflussreiche Persönlichkeiten hasserfüllte oder diskriminierende Botschaften verbreiten, können diese Ansichten als akzeptabel oder normal angesehen werden. Die Folge kann eine größere Akzeptanz dieser Ansichten in der Gesellschaft sein.

Der öffentliche Diskurs ist ein weiterer Bereich, der stark von Hassreden betroffen ist. Soziale Medien haben es einfacher gemacht, Meinungen und Ansichten zu verbreiten. Das erleichtert aber auch die Verbreitung von Hass- und Diskriminierungsbotschaften.

Hate Speech kann den öffentlichen Diskurs auf verschiedene Weise beeinflussen. Erstens kann sie dazu führen, dass bestimmte Themen oder Perspektiven an den Rand gedrängt werden. Die Verbreitung hasserfüllter oder diskriminierender Botschaften kann dazu führen, dass bestimmte Stimmen zum Schweigen gebracht oder an den Rand gedrängt werden.

Zweitens kann Hatefluence dazu beitragen, dass der öffentliche Diskurs zunehmend polarisiert wird. Die Verbreitung hasserfüllter oder diskriminierender Botschaften kann dazu führen, dass sich Menschen in ihren Ansichten verfestigen und weniger bereit sind, andere Perspektiven in Betracht zu ziehen.

9. DIE ZUKUNFT DER INFLUENCER-KULTUR

Wir untersuchen, wie sich das Influencer-Umfeld in den kommenden Jahren verändern wird - von authentischen Influencern, die sich auf Qualität statt Quantität konzentrieren, über die wachsende Bedeutung von Videoinhalten und Podcasts bis hin zur aufkommenden Welt der virtuellen Influencer.

Als Schnittstelle zwischen Marken und Konsumenten könnten Influencer in Zukunft eine noch wichtigere Rolle spielen. Sie könnten als vertrauenswürdige Berater fungieren, indem sie ehrliche Bewertungen und Empfehlungen für Produkte und Dienstleistungen abgeben. Um sich von der Masse abzuheben und relevant zu bleiben, müssen sie aber auch neue Wege finden.

Dieses Kapitel ist eine Reise in die Zukunft der Influencer-Welt. Es ist eine spannende und manchmal auch beunruhigende Reise, aber eine Reise, auf die wir uns gemeinsam begeben müssen.

Denn die Zukunft der Influencer-Welt wird nicht nur von den Influencern selbst gestaltet, sondern von uns allen.

9.1 Wie wird sich die Welt der Influencer in den kommenden Jahren entwickeln?

Es wird erwartet, dass sich das Umfeld der Einflussnahme in den kommenden Jahren in vielerlei Hinsicht verändern wird. Hier sind einige der wichtigsten Trends und Veränderungen, die wir sehen werden

<u>Authentische Influencer</u>: Eine neue Welle von Influencern, die als "authentische Influencer" bekannt sind, konzentriert sich mehr auf das Teilen von Ratschlägen und Informationen als auf den Verkauf von Produkten. Sie sind mehr daran interessiert, über ihre Interessen zu sprechen und unvoreingenommene Informationen weiterzugeben, als ein neues Produkt oder eine neue Kollektion zu bewerben. Authentische Influencer zeichnen sich eher durch die Qualität ihrer Inhalte als durch die Anzahl ihrer Follower aus.

<u>Neue Medien und Plattformen</u>: Videoinhalte und Podcasts gewinnen an Bedeutung. Influencer produzieren zunehmend Video- und Audioinhalte, um ein größeres Publikum zu erreichen. Kooperationen werden sich in den nächsten Jahren von Bildern zu Videos und von Videos zu Live-Videos entwickeln.

<u>Virtuelle Influencer</u>: CGI-Influencer sind computergenerierte Persönlichkeiten, die über ein Social-Media-Konto verfügen und Beziehungen zu einem Online-Publikum aufbauen. Sie werden von Teams aus Entwicklern und Grafikdesignern geschaffen.

CGI-Influencer sind Avatare, die sich wie echte Menschen verhalten und aussehen, aber in Wirklichkeit nur digitale Bilder mit einer sorgfältig kuratierten Online-Präsenz sind. Sie interagieren mit der Welt aus der Ich-Perspektive. Sie werden von 3D-Künstlern mit Hilfe von CGI (Computer Generated Imagery), Motion Capture-Technologie und KI-Tools erstellt.

Ein großer Vorteil von CGI-Influencern ist, dass Marken die volle Kontrolle über ihre Influencer haben. Im Gegensatz zu realen Influencern, die möglicherweise eine Botschaft oder einen sozialen Wert vermitteln, der Teile des Publikums abschreckt, müssen sich Marken bei CGI-Influencern keine Sorgen über politisch aufgeladene Beiträge machen.

Ein bekanntes Beispiel für einen CGI-Influencer ist Miquela Sousa, auch bekannt als Lil Miquela. Sie wird für Marken immer attraktiver.

<u>Gaming und Twitch</u>: Die Gaming-Szene wächst und Twitch dominiert den Markt. Gamer-Influencer haben eine sehr engagierte Community und bieten Marken die Möglichkeit, eine jüngere Zielgruppe zu erreichen.

<u>Marktsättigung</u>: Der Markt für Influencer könnte gesättigt sein. Neue Influencer kommen hinzu, andere verlieren Follower. Es wird immer schwieriger, als Influencer dauerhaft Geld zu verdienen.

Sie dürften künftig eine noch wichtigere Rolle als Schnittstelle zwischen Marken und Konsumenten einnehmen. Um sich von der Masse abzuheben und relevant zu bleiben, müssen sie jedoch neue Wege finden.

9.2 Welche Rolle werden Influencer in der Zukunft spielen?

In Zukunft werden Influencer wahrscheinlich eine noch wichtigere Rolle als Schnittstelle zwischen Marken und Konsumenten spielen. Sie könnten zunehmend als vertrauenswürdige Berater für ihre Follower fungieren, indem sie ehrliche Bewertungen und Empfehlungen für Produkte und Dienstleistungen abgeben. Viele Marken könnten sich weiterhin auf Influencer verlassen, um ihre Produkte zu bewerben und ihre Botschaften zu verbreiten. Influencer könnten eine noch wichtigere

Rolle bei der Gestaltung der Markenidentität und -strategie spielen.

Influencer werden weiterhin hochwertige Inhalte produzieren, die ihre Follower unterhalten, bilden und inspirieren. Sie könnten auch neue Formate und Plattformen nutzen, um ihre Botschaften zu verbreiten und ein breiteres Publikum zu erreichen. Einige Influencer könnten ihre Plattformen nutzen, um auf soziale und politische Themen aufmerksam zu machen und Veränderungen herbeizuführen. Viele Influencer könnten ihre eigene Marke oder ihr eigenes Unternehmen gründen, indem sie ihre Bekanntheit und ihren Einfluss nutzen.

Insgesamt wird erwartet, dass Influencer in Zukunft eine noch größere Rolle spielen werden, da sie eine wichtige Schnittstelle zwischen Marken und Konsumenten darstellen. Sie werden jedoch neue Wege finden müssen, um sich von der Masse abzuheben und relevant zu bleiben. Diese Trends und Veränderungen sind nicht in Stein gemeißelt, sondern werden sich mit dem Wachstum und der Entwicklung der Influencer-Welt ständig weiterentwickeln und verändern. Es wird spannend sein zu sehen, wie sich diese Trends in den kommenden Jahren weiterentwickeln und welche neuen Möglichkeiten und Herausforderungen sie für Influencer und Marken mit sich bringen.

10. DIE BEDEUTUNG VON EMPATHIE

In diesem Kapitel werden wir untersuchen, warum Empathie - die Fähigkeit, die Gedanken und Gefühle anderer Menschen zu verstehen und zu teilen - ein entscheidender Faktor bei der Bekämpfung von Hass und Diskriminierung im Internet ist.

Wir werden uns mit verschiedenen Methoden zur Förderung von Empathie beschäftigen, darunter Perspektivenwechsel, das Vermeiden vorschneller Urteile und die Begegnung mit anderen Menschen und Kulturen. Außerdem werden wir uns mit der Rolle der Erziehung und Bildung bei der Förderung des Einfühlungsvermögens beschäftigen und untersuchen, wie Institutionen wie Schulen, Arbeitsplätze und kommunale Organisationen sowie Medien und Technologie zur Schaffung einer Umgebung beitragen können, die Einfühlungsvermögen fördert und belohnt.

Abschließend wird untersucht, welchen Einfluss

Empathie auf die Gesellschaft hat. Wir werden sehen, wie Empathie dazu beiträgt, stärkere und gesündere Beziehungen aufzubauen, soziale Gerechtigkeit zu fördern, gerechtere und integrativere politische Entscheidungen zu treffen und die Qualität der Patientenversorgung im Gesundheitswesen zu verbessern.

Durch die Kombination von individueller Anstrengung und gesellschaftlicher Unterstützung wollen wir zu einer integrativeren, verständnisvolleren und mitfühlenderen Gesellschaft beitragen. Unser Ziel ist es, eine Welt zu schaffen, in der jeder verstanden, respektiert und geschätzt wird und in der das Internet ein Ort der Verbindung und des Verständnisses und nicht der Spaltung und des Hasses ist.

10.1 Warum ist Empathie so wichtig, um Hass und Diskriminierung im Internet zu bekämpfen?

Empathie ist die Fähigkeit, die Gedanken und Gefühle anderer Menschen zu verstehen und zu teilen. Sie ist der Schlüssel zur Aufrechterhaltung sozialer Beziehungen und ermöglicht es uns, in sozialen Situationen angemessen zu reagieren. Studien haben gezeigt, dass soziale Beziehungen sowohl für das körperliche als auch für das seelische Wohlbefinden von großer Bedeutung sind.

Hass und Diskriminierung im Internet sind ernste Probleme, die die psychische Gesundheit der Betroffenen beeinträchtigen und der Gesellschaft realen Schaden zufügen können. Empathie kann bei der Bekämpfung dieser Probleme eine entscheidende Rolle spielen.

Empathie ermöglicht es uns, uns in eine andere Person hineinzuversetzen und ihre Erfahrungen und Gefühle zu verstehen. Dadurch werden Vorurteile und Stereotypen abgebaut, die häufig die Grundlage für Hass und Diskriminierung bilden. Indem wir die Erfahrungen und Perspektiven anderer verstehen und wertschätzen, können wir ein Klima der Akzeptanz und Toleranz fördern, das Hass und Diskriminierung entgegenwirkt.

Die Forschung hat gezeigt, dass Empathie viele Arten von prosozialem Verhalten wie Vergebung, Freiwilligenarbeit und Hilfe motiviert. Sie wird negativ mit Dingen wie Aggression und Mobbing in Verbindung gebracht. Durch die Förderung von Empathie können wir daher ein Umfeld schaffen, in dem Menschen eher motiviert sind, sich gegenseitig zu unterstützen und zu helfen, als Hass und Diskriminierung zu verbreiten.

Empathie kann auch dazu beitragen, positive Online-Interaktionen zu fördern. Wenn wir uns in andere hineinversetzen und ihre Gefühle und Erfahrungen verstehen, können wir besser auf ihre Bedürfnisse eingehen und konstruktiv mit ihnen interagieren. So kann eine positive Online-Umgebung entstehen, in der Hass und Diskriminierung weniger wahrscheinlich werden.

Empathie ermöglicht es uns, die Perspektiven und Erfahrungen anderer zu verstehen, fördert prosoziales Verhalten und trägt dazu bei, positive Online-Interaktionen zu fördern. Durch die Förderung von Empathie können wir dazu beitragen, ein Internet frei von Hass und Diskriminierung zu schaffen, in dem alle Menschen respektiert und wertgeschätzt werden. Empathie allein reicht jedoch nicht aus, um Hass und Diskriminierung im Internet zu bekämpfen. Es bedarf auch gesetzlicher Regelungen, technologischer Lösungen und Bildungsinitiativen, um dieses komplexe und weitreichende Problem anzugehen. Empathie ist jedoch ein wichtiger erster Schritt auf dem Weg zu einem respektvolleren und integrativeren Internet.

10.2 Wie können wir Empathie fördern?

Empathie - die Fähigkeit, die Gedanken und Gefühle anderer zu erkennen, zu verstehen und zu teilen - ist eine grundlegende menschliche Fähigkeit, die es uns ermöglicht, soziale Beziehungen aufzubauen und effektiv zusammenzuarbeiten. In einer zunehmend vernetzten und vielfältigen Welt ist die Förderung von Empathie wichtiger denn je. Dieser Abschnitt untersucht, wie wir Empathie sowohl auf individueller als auch auf gesellschaftlicher Ebene fördern können.

Eine der grundlegendsten Methoden zur Förderung von Empathie ist der Perspektivenwechsel, d.h. die Fähigkeit, sich in eine andere Person hineinzuversetzen und die Welt aus deren Perspektive zu sehen. Dies kann durch direkte Interaktion mit anderen Menschen erreicht werden, aber auch durch das Lesen von Büchern, das Anschauen von Filmen oder durch Rollenspiele.

Ein weiterer wichtiger Aspekt der Förderung von Empathie ist die Vermeidung von vorschnellen Urteilen. Oft neigen wir dazu, auf der Grundlage begrenzter Informationen oder von Vorurteilen schnelle Schlüsse über andere Menschen zu ziehen. Indem wir lernen, unsere Urteile zurückzustellen und offen zu bleiben für neue Informationen und Perspektiven, können wir unsere Empathiefähigkeit stärken.

Die Begegnung mit unterschiedlichen Menschen, Kulturen und Lebenserfahrungen ist ein weiterer wichtiger Weg zur Förderung von Empathie. Indem wir uns aktiv darum bemühen, Menschen zu treffen und zu verstehen, die anders sind als wir, können wir unsere Fähigkeit zur Empathie erweitern und vertiefen.

Bildung und Ausbildung können ebenfalls eine wichtige Rolle bei der Förderung von Empathie spielen. Es gibt eine Vielzahl von Programmen und Ansätzen, die darauf abzielen, Empathie durch formelle und informelle Bildung zu fördern. Dazu gehören unter anderem soziales und emotionales Lernen, Achtsamkeitstraining und interkulturelle Bildung.

Die Rolle der Gesellschaft bei der Förderung von Empathie

Obwohl individuelle Bemühungen zur Förderung von Empathie wichtig sind, spielt auch die Gesellschaft eine entscheidende Rolle. Institutionen wie Schulen, Arbeitsplätze und Gemeinschaftsorganisationen können ein Umfeld schaffen, das Empathie fördert und belohnt. Medien und Technologie können ebenfalls genutzt werden, um empathische Botschaften zu verbreiten und Menschen zu ermutigen, sich in andere hineinzuversetzen.

Insgesamt ist die Förderung der Empathie eine komplexe Aufgabe, die sowohl individueller Anstrengung als auch gesellschaftlicher Unterstützung bedarf. Durch Perspektivwechsel, Verzicht auf Urteile, Auseinandersetzung mit Unterschieden und Bildung können wir unsere Empathiefähigkeit stärken. Gleichzeitig können gesellschaftliche Institutionen und Medien dazu beitragen, ein Umfeld zu schaffen, das Empathie fördert und belohnt. Durch die Förderung von Empathie können wir zu einer integrativeren, verständnisvolleren und mitfühlenderen Gesellschaft beitragen.

10.3 Welche Auswirkungen hat Empathie auf die Gesellschaft?

Empathie ist der Klebstoff, der soziale Bindungen zusammenhält. Sie ermöglicht es uns, die Bedürfnisse und Gefühle anderer zu erkennen und darauf zu reagieren. Das Ergebnis sind starke und gesunde Beziehungen, sowohl auf individueller als auch auf kollektiver Ebene. Empathie fördert Verständnis und Toleranz gegenüber anderen und kann dazu beitragen, Konflikte zu vermeiden oder zu lösen.

Empathie spielt auch eine wichtige Rolle bei der Förderung sozialer Gerechtigkeit. Indem wir uns in die Lage derer versetzen, die benachteiligt oder diskriminiert werden, können wir ein tieferes Verständnis für ihre Erfahrungen entwickeln und sind eher motiviert, uns für Gleichheit und Fairness einzusetzen.

Auf politischer Ebene kann Empathie dazu beitragen, gerechtere und integrativere Entscheidungen zu treffen. Politiker, die Einfühlungsvermögen zeigen, sind eher in der Lage, die Bedürfnisse und Anliegen aller Bürger zu berücksichtigen, nicht nur die derer, die ihnen ähnlich sind oder ihre Überzeugungen teilen.

Im Gesundheitswesen kann Empathie dazu beitragen, die Qualität der Patientenversorgung zu verbessern. Ärzte, Krankenschwestern und andere Angehörige der Gesundheitsberufe, die in der Lage sind, sich in ihre Patienten hineinzuversetzen, können deren Bedürfnisse besser verstehen und entsprechend handeln.

Zusammenfassend lässt sich sagen, dass Empathie eine entscheidende Rolle bei der Schaffung einer gesunden, gerechten und integrativen Gesellschaft spielt. Durch die Förderung von Empathie können wir dazu beitragen, eine Welt zu schaffen, in der jeder verstanden, respektiert und geschätzt wird.

11. DIE ROLLE DER BILDUNG

Wir werden uns mit der Rolle von Schulen und Lehrern bei der Erziehung der nächsten Generation zu respektvollem und tolerantem Verhalten im Internet befassen. Dabei wird die Bedeutung von Bildungsprogrammen zur Förderung der digitalen Bürgerschaft und der Medienkompetenz hervorgehoben und die Rolle der Lehrer als Vorbilder diskutiert.

Darüber hinaus werden wir uns mit der Verantwortung der Eltern bei der Erziehung ihrer Kinder zu einem respektvollen und toleranten Umgang mit dem Internet befassen. Wir werden die Bedeutung einer offenen und ehrlichen Kommunikation, klarer Regeln und Richtlinien für die Internetnutzung, die Rolle der Eltern als Vorbilder und die Notwendigkeit, das eigene Wissen und die eigenen Fähigkeiten in Bezug auf digitale Medien zu erweitern, hervorheben.

Unser Ziel ist es, Wege aufzuzeigen, wie wir dazu beitragen können, das Internet zu einem Ort zu machen, der für alle zugänglich, sicher und einladend ist. Durch die Kombination von individueller Anstrengung und gesellschaftlicher Unterstützung wollen wir zu einer inklusiveren, verständnisvolleren und mitfühlenderen Gesellschaft beitragen. Unser Ziel ist es, eine Welt zu schaffen, in der jeder verstanden, respektiert und geschätzt wird und in der das Internet ein Ort der Verbindung und des Verständnisses ist und nicht der Spaltung und des Hasses.

11.1 Wie können wir die nächste Generation dazu erziehen, respektvoll und tolerant im Internet zu sein?

In unserer modernen, digital geprägten Welt ist das Internet aus unserem Alltag nicht mehr wegzudenken. Es eröffnet uns eine Vielzahl von Möglichkeiten, sei es zum Lernen, zur Kommunikation oder zur Unterhaltung. Doch wie alles im Leben hat auch das Internet seine Schattenseiten. Es kann ein Nährboden für Hass, Intoleranz und Respektlosigkeit sein. Deshalb ist es wichtig, die heranwachsende Generation zu einem respektvollen und toleranten Umgang im Internet zu erziehen. Doch wie kann dieses Ziel erreicht werden?

Ein erster wichtiger Schritt auf diesem Weg ist die Förderung des Konzepts der "digitalen Bürgerschaft". Unter Digital Citizenship versteht man die Normen für ein angemessenes und verantwortungsbewusstes Verhalten im Umgang mit Technologie und digitalen Medien. Es geht darum, das Internet als eine Gemeinschaft zu begreifen, in der jeder Einzelne eine Rolle spielt und Verantwortung trägt. Indem wir Kindern und Jugendlichen vermitteln, dass ihr Handeln im Internet Konsequenzen hat und dass sie eine Verantwortung gegenüber anderen Internetnutzern haben, können wir sie zu einem respektvolleren und toleranteren Umgang miteinander anleiten.

Ein weiterer zentraler Aspekt in diesem Zusammenhang ist die Förderung von Medienkompetenz. Medienkompetenz bedeutet, zu verstehen, wie Medien funktionieren und wie sie genutzt werden können, um Informationen zu verbreiten. Indem wir Kindern und Jugendlichen beibringen, kritisch über die Informationen nachzudenken, die sie online sehen und weitergeben, können wir sie ermutigen, Hassreden und Fehlinformationen zu vermeiden.

Darüber hinaus sollten wir Empathie und Respekt fördern. Kinder und Jugendliche sollten lernen, dass sich hinter jedem Bildschirm eine reale Person mit Gefühlen verbirgt. Sie sollten ermutigt werden, sich in andere hineinzuversetzen und zu verstehen, wie ihre Worte und Handlungen andere beeinflussen können. Durch die Förderung einer Kultur des Respekts und der Toleranz können wir dazu beitragen, das Internet zu einem positiveren und einladenderen Ort zu machen.

Um die nächste Generation zu respektvollem und tolerantem Verhalten im Internet zu erziehen, ist eine Kombination aus digitalem Bürgersinn, Medienkompetenz und Einfühlungsvermögen gefragt. Dies ist eine Herausforderung, der wir uns aber stellen müssen, um sicherzustellen, dass das Internet ein für alle zugänglicher und sicherer Ort bleibt.

Diese Bemühungen sollten sich nicht nur auf Kinder und Jugendliche beschränken. Auch Erwachsene können von einer verbesserten digitalen Bürgerschaft und Medienkompetenz profitieren. Darüber hinaus sollten wir nicht vergessen, dass die Förderung von Empathie und Respekt nicht nur im digitalen Raum, sondern auch im realen Leben von entscheidender Bedeutung ist. Letztendlich geht es darum, eine Kultur des Respekts und der Toleranz zu fördern, die über die Grenzen des Internets hinausgeht und alle Aspekte unseres Lebens durchdringt. Nur so können wir sicherstellen, dass das Internet - und unsere Gesellschaft insgesamt - ein für alle zugänglicher, sicherer und einladender Ort bleibt.

11.2 Welche Verantwortung tragen Schulen und Lehrer?

Schulen sollten Bildungsprogramme einführen, die sich speziell auf die Förderung der digitalen Bürgerschaft (digital citizenship) und der Medienkompetenz (media literacy) konzentrieren. Diese Programme sollten die Kinder dazu anregen, kritisch über die Informationen nachzudenken, die sie online sehen und weitergeben, und ihnen beibringen, wie man sicher und verantwortungsbewusst im Internet navigiert. Diese Programme müssen unbedingt altersgemäß konzipiert und auf die spezifischen Bedürfnisse und Fähigkeiten der Schüler abgestimmt sein. Für jüngere Schüler könnte dies beispielsweise das Erlernen grundlegender Regeln der Internetsicherheit beinhalten, während ältere Schüler sich mit Themen wie Datenschutz, Cybermobbing und digitaler Ethik auseinandersetzen könnten.

Darüber hinaus sollten diese Programme nicht nur theoretisch sein, sondern den Schülern auch praktische Fähigkeiten vermitteln. Beispielsweise durch Rollenspiele, Gruppendiskussionen oder Projekte, in denen die Schüler eigene digitale Inhalte erstellen. Auf diese Weise können sie das Gelernte direkt anwenden und ihre digitalen Kompetenzen weiterentwickeln.

Die Lehrerinnen und Lehrer haben auch die Verantwortung, als Vorbilder zu fungieren. Sie sollten ein respektvolles und tolerantes Verhalten im Internet vorleben und die Kinder ermutigen, es ihnen gleichzutun. Sie sollten auch bereit sein, schwierige Gespräche über Hassreden und Intoleranz im Internet zu führen und Kinder dabei zu unterstützen, positive Online-Gemeinschaften aufzubauen und zu pflegen.

Es ist unerlässlich, dass Lehrkräfte selbst gut informiert und kompetent im Umgang mit digitalen Medien sind. Sie sollten regelmäßig an Fortbildungen teilnehmen, um ihr Wissen und ihre Fähigkeiten auf dem neuesten Stand zu halten. Darüber hinaus sollten sie offen sein für Feedback und Anregungen von Schülern und Eltern und bereit sein, ihre eigenen Methoden und Ansätze zu überdenken und anzupassen.

Neben der Umsetzung von Bildungsprogrammen und der Vorbildfunktion der Lehrkräfte sollten Schulen auch Partnerschaften mit Eltern und der weiteren Gemeinschaft eingehen, um die Botschaft von digitaler Kompetenz und Medienkompetenz zu verbreiten. Eltern können eine wichtige Rolle spielen, indem sie das zu Hause Gelernte unterstützen und ihre Kinder zu einer sicheren und verantwortungsbewussten Nutzung des Internets ermutigen. Auch die Gesellschaft im weiteren Sinne, einschließlich lokaler Unternehmen und

Organisationen, kann einen Beitrag leisten, indem sie Ressourcen bereitstellt und Initiativen zur Förderung der digitalen Kompetenz unterstützt.

Die Erziehung der nächsten Generation zu respektvollem und tolerantem Online-Verhalten erfordert einen ganzheitlichen Ansatz, der digitale Kompetenz, Medienkompetenz und Empathie verbindet. Es ist eine Herausforderung, aber wir müssen sie annehmen, um sicherzustellen, dass das Internet ein Ort bleibt, der für alle zugänglich und sicher ist. Durch die Zusammenarbeit von Schulen, Lehrern, Eltern und der breiteren Gemeinschaft können wir diese Herausforderung meistern und eine positive und respektvolle Online-Kultur fördern.

11.3 Wie können wir als Eltern dazu beitragen?

Die Eltern spielen eine wichtige Rolle, wenn es darum geht, ihren Kindern einen respektvollen und toleranten Umgang mit dem Internet beizubringen. Sie sind oft die ersten, die ihre Kinder mit digitalen Medien in Kontakt bringen und tragen daher eine besondere Verantwortung.

Ein erster wichtiger Schritt auf diesem Weg ist eine offene und ehrliche Kommunikation mit den Kindern über das Internet und seine Risiken. Kinder müssen das Gefühl haben, dass sie ihre Erlebnisse im Internet mit ihren Eltern besprechen können und dass sie wissen, dass sie sich bei Schwierigkeiten an ihre Eltern wenden können.

Eltern sollten klare Regeln und Richtlinien für die Internetnutzung ihrer Kinder aufstellen. Diese sollten altersgerecht sein und die Privatsphäre, die Sicherheit und das Wohlergehen der Kinder berücksichtigen. Sie sollten strikt befolgt werden, aber flexibel genug sein, um sie an die Bedürfnisse und Fähigkeiten der Kinder anzupassen.

Ein respektvolles und tolerantes Verhalten im Internet sollte auch von den Eltern vorgelebt werden. Sie sollten ihre eigenen Online-Aktivitäten überdenken und sicherstellen, dass sie den Werten entsprechen, die sie ihren Kindern vermitteln möchten.

Schließlich sollten Eltern versuchen, ihr eigenes Wissen und ihre eigenen Fähigkeiten in Bezug auf digitale Medien zu erweitern. Sie sollten sich über die neuesten Trends und Technologien informieren und nach Möglichkeiten suchen, ihre Kinder bei der sicheren und verantwortungsvollen Nutzung des Internets zu unterstützen.

Insgesamt spielen Eltern eine entscheidende Rolle bei der Erziehung ihrer Kinder zu respektvollem und tolerantem Verhalten im Internet. Dies ist eine Herausforderung, der sie sich stellen müssen, um sicherzustellen, dass das Internet ein für alle zugänglicher und sicherer Ort bleibt.

Zusätzlich zu diesen Punkten sollten Eltern

auch die Möglichkeit in Betracht ziehen, sich mit anderen Eltern und Erziehungsberechtigten auszutauschen, um Erfahrungen und bewährte Praktiken zu teilen. Auch die Teilnahme an Workshops oder Informationsveranstaltungen, die von Schulen, Gemeindezentren oder Online-Plattformen angeboten werden, könnte eine Möglichkeit zur Verbesserung ihrer Kenntnisse und Fähigkeiten in Bezug auf digitale Medien sein.

Eltern sollten ihre Kinder auch dazu ermutigen, ihre Online-Erfahrungen zu reflektieren und zu diskutieren. Dazu können z.B. regelmäßige Familientreffen oder Einzelgespräche dienen, in denen die Kinder ihre Erfahrungen, Sorgen und Fragen austauschen können.

Darüber hinaus könnten Eltern ihre Kinder ermutigen, sich aktiv für ein positives Online-Umfeld einzusetzen. Möglich wäre dies zum Beispiel durch die Teilnahme an Online-Kampagnen gegen Cyber-Mobbing, durch das Erstellen positiver und respektvoller Inhalte oder durch das Melden unangemessener Inhalte oder Verhaltensweis

Letztlich geht es darum, eine Kultur des Respekts und der Toleranz zu fördern, die über die Grenzen des Internets hinausgeht und alle Aspekte unseres Lebens durchdringt. Nur so können wir sicherstellen, dass das Internet - und unsere Gesellschaft insgesamt - ein für alle zugänglicher, sicherer und einladender Ort bleibt.

12. FAZIT

Wir wissen: Die Welt der Influencer hat sich in den letzten Jahren rasant entwickelt. Mit der zunehmenden Verbreitung sozialer Medien haben immer mehr Menschen die Möglichkeit, ihre Stimme zu erheben und andere zu beeinflussen. Influencer haben eine wichtige Rolle in unserer Gesellschaft übernommen, indem sie Trends setzen, Produkte bewerben und Meinungen formen. Sie haben die Art und Weise, wie wir kommunizieren, konsumieren und uns selbst darstellen, grundlegend verändert.

Gleichzeitig haben wir aber auch gesehen, dass diese Macht missbraucht werden kann. Einige Influencer haben ihre Plattformen genutzt, um Hass und Diskriminierung zu verbreiten. Nicht nur für die Opfer dieser Angriffe, sondern auch für die Gesellschaft als Ganzes hat dies negative Auswirkungen. Es fördert eine Kultur der Intoleranz und des Hasses, die sich negativ auf unser Zusammenleben auswirkt.

Wir haben auch die Geschichte von Rainer Winkler, besser bekannt als Drachenlord, untersucht. Seine

Online-Präsenz und die Kontroversen um ihn sind ein Beispiel dafür, wie das Internet sowohl eine Plattform für Kreativität und Selbstdarstellung als auch ein Schauplatz für Konflikte und Missbrauch sein kann. Die Auseinandersetzungen und Kontroversen, die sich um den Fall entwickelt haben, zeigen die dunkle Seite der Online-Kultur und die potenziellen Gefahren, die mit der Macht der sozialen Medien verbunden sind.

Auch die Rolle der sozialen Medien bei der Verbreitung von Hass und Diskriminierung ist ein zentrales Thema. Plattformen wie YouTube, Instagram und TikTok haben es einfacher gemacht, Inhalte zu teilen und eine Fangemeinde aufzubauen. Sie haben aber auch dazu beigetragen, die Verbreitung von Hass und Diskriminierung zu erleichtern. Es ist wichtig, dass diese Plattformen ihre Verantwortung erkennen und Maßnahmen ergreifen, um Hass und Diskriminierung zu bekämpfen.

Abschließend kann gesagt werden, dass die Erforschung der Schattenseiten von Meinungsführern uns wertvolle Erkenntnisse über die Macht und die Gefahren der sozialen Medien geliefert hat. Sie hat uns gezeigt, wie wichtig es ist, Hass und Diskriminierung im Internet zu bekämpfen und eine Kultur der Toleranz und des Respekts zu fördern. Sie hat uns auch gezeigt, wie wichtig es ist, die Macht der Influencer verantwortungsvoll zu nutzen und die Verantwortung der Plattformen anzuerkennen. Schließlich hat sie uns deutlich gemacht, wie wichtig Empathie und Bildung in diesem Kampf sind.

Die Untersuchung der dunklen Seite der Influencer hat uns gezeigt: Wir stehen als Gesellschaft vor einer Reihe von Herausforderungen. Die Verbreitung von Hass und Diskriminierung im Internet, der Machtmissbrauch von Influencern und die Rolle der sozialen Medien bei der Verstärkung dieser Probleme sind nur einige der Themen, mit denen wir uns auseinandersetzen müssen.

Um uns als Gesellschaft weiterzuentwickeln, müssen wir zunächst diese Herausforderungen erkennen und aktiv daran arbeiten, sie zu bewältigen. Das bedeutet, dass wir eine Kultur der Toleranz und des Respekts fördern müssen, sowohl online als auch offline. Wir müssen uns gegen Hass und Diskriminierung aussprechen und uns für diejenigen einsetzen, die davon betroffen sind.

Darüber hinaus müssen wir uns kritisch mit der Macht der Influencer und der Rolle der sozialen Medien auseinandersetzen. Influencer haben eine enorme Macht, Meinungen zu formen und Verhalten zu beeinflussen. Diese Macht muss verantwortungsvoll genutzt werden. Gleichzeitig müssen Social-Media-Plattformen ihre Verantwortung erkennen und Maßnahmen ergreifen, um die Verbreitung von Hass und Diskriminierung zu bekämpfen. Da sich die Plattformen nicht dem Vorwurf der Zensur aussetzen wollen, ist dies eine Gratwanderung.

Auch Bildung spielt eine entscheidende Rolle für die Entwicklung unserer Gesellschaft. Wir müssen die nächste Generation zu einem respektvollen und toleranten Umgang im Internet erziehen. Das bedeutet, dass wir in unseren Schulen und zu Hause ein Bewusstsein für die Auswirkungen von Hass und Diskriminierung im Internet schaffen und den Wert von Empathie und Respekt vermitteln müssen.

Wir müssen auch die Auswirkungen von Hass und Diskriminierung auf die Opfer thematisieren. Die psychologischen und emotionalen Folgen können tiefgreifend sein, und es ist wichtig, dass wir den Betroffenen Unterstützung und Ressourcen zur Verfügung stellen.

Die Entwicklung unserer Gesellschaft ist ein kontinuierlicher Prozess, der Engagement, Empathie und Bildung erfordert. Es liegt an uns allen, diesen Prozess aktiv mitzugestalten und uns für eine positivere und respektvollere Online-Kultur einzusetzen. Indem wir die Herausforderungen, die die Schattenseiten der Influencer-Kultur mit sich bringen, erkennen und aktiv angehen, können wir uns als Gesellschaft weiterentwickeln und eine positivere Zukunft gestalten.

Jeder von uns hat eine Rolle zu spielen, wenn es darum geht, Hass und Diskriminierung im Internet zu bekämpfen und eine positivere und respektvollere Online-Kultur zu fördern. Wir haben es in der Hand, unsere Stimme zu erheben, uns gegen Unrecht auszusprechen und uns für die zu engagieren, denen Unrecht widerfährt. Wir haben auch die Verantwortung, uns selbst und andere über die Auswirkungen von Hass und Diskriminierung im Internet aufzuklären und Wege zu finden, uns dagegen zu wehren.

Als Nutzerinnen und Nutzer sozialer Medien haben wir die Wahl, welche Inhalte wir konsumieren und weitergeben. Wir können positive und respektvolle Inhalte fördern und Inhalte, die Hass und Diskriminierung verbreiten, meiden. Wir können auch Druck auf die Plattformen ausüben, damit sie ihre Verantwortung ernst nehmen und Maßnahmen gegen Hass und Diskriminierung ergreifen.

Als Influencer-Follower haben wir die Möglichkeit zu entscheiden, wen wir unterstützen und welche Nachrichten wir weiterleiten. Wir können Influencer unterstützen, die positive Werte fördern und sich gegen Hass und Diskriminierung aussprechen. Wir können auch unsere Stimme erheben, wenn wir sehen, dass Influencer ihre Macht missbrauchen oder schädliche Inhalte verbreiten.

Als Teil der Gesellschaft haben wir die

Verantwortung, uns für eine Kultur der Toleranz und des Respekts einzusetzen. Das bedeutet, dass wir uns gegen Hass und Diskriminierung aussprechen, uns für die Betroffenen einsetzen und Wege finden, den Opfern Unterstützung und Ressourcen zur Verfügung zu stellen.

Schließlich haben wir als Individuen die Verantwortung, uns selbst und andere zu erziehen. Das bedeutet, dass wir uns über die Auswirkungen von Hass und Diskriminierung im Internet informieren und den Wert von Empathie und Respekt vermitteln müssen. Es bedeutet auch, dass wir die nächste Generation zu einem respektvollen und toleranten Umgang im Internet erziehen müssen.

* 9 7 9 8 8 6 8 0 4 1 6 9 3 *